W0214234

MES PÂTISSERIES *préférées* AVEC thermomix

Gâteaux, tartes, biscuits, crèmes et entremets :
50 recettes pour vous régaler !

Nathalie Besnainou
@Nathcooking

MES PÂTISSERIES *préférées* AVEC thermomix

Gâteaux, tartes, biscuits, crèmes et entremets :
50 recettes pour vous régaler !

Photographies Fabrice Besse
Stylisme Coralie Ferreira

LAROUSSE
21 rue du Montparnasse 75283 Paris Cedex 06

Introduction

Chères lectrices, chers lecteurs,

Soyez les bienvenus dans mon premier livre de cuisine ! Que d'heures passées, d'œufs cassés, de fournées confectionnées pour vous offrir ces recettes, qui, je l'espère, raviront vos papilles ainsi que celles de vos proches.

Pourquoi me suis-je lancée dans une telle aventure ? Par passion, évidemment. Préparer des gâteaux et autres pâtisseries n'est pas mon métier, bien que j'en fasse profiter mon entourage depuis un certain temps.

La cuisine, c'est avant tout une histoire de famille. Mes grands-mères étaient des cuisinières d'exception. Elles avaient à peine le temps de poser le plat sur la table qu'il était déjà dans les assiettes. Ma mère a hérité de ce don, elle continue de cuisiner et nous partageons parfois les fourneaux.

Ma préférence ? Les cakes, les tartes et en particulier les recettes aux fruits.

La révélation, dans ma carrière de cuisinière amatrice, a été la découverte du Thermomix® dont je suis tombée amoureuse. Cet appareil magique m'accompagne depuis près de dix ans. Sa particularité ? Il permet de ne rien rater et, quand il y a ratage, c'est que j'ai confondu le sel et le sucre… Il me fait aussi gagner un temps fou ainsi que de la place en se substituant à une bonne quantité d'ustensiles.

En adoptant ce robot, j'ai amélioré mon savoir-faire et j'ai pu aborder des préparations beaucoup plus complexes. Au départ, je m'inspirais beaucoup des recettes que je trouvais sur Internet. Je les adaptais au Thermomix® jusqu'au moment où je suis devenue suffisamment autonome pour pouvoir réaliser mes propres créations. Perfectionniste de nature, je n'abandonne jamais. Pour obtenir le résultat que j'imagine, il peut m'arriver de tester une recette plusieurs fois.

Comme j'aime partager mes astuces et mes trouvailles autant que le gâteau sorti du four, je me suis mise à participer à des forums et à des groupes de partage de recettes, en postant régulièrement et en répondant aux questions d'autres participants. Puis, un jour, l'un de mes neveux gourmands m'a poussée à ouvrir ma page Instagram pour diffuser plus largement mes créations. Depuis, je publie, j'échange, je cuisine et… j'ai écrit ce livre en m'adonnant encore et encore à la pâtisserie.

Bonne lecture !

Sommaire

Petits biscuits 75

Gâteaux de fête et pour recevoir 91

Crèmes, mousses & Cie 143

COOKIDOO®, DIRECTEMENT SUR L'ÉCRAN DE MON THERMOMIX® !

Avec des milliers de recettes élaborées par nos cuisiniers et « certifiées » Thermomix®, **Cookidoo®** est LA plateforme connectée dédiée à votre inspiration quotidienne.
Pour y accéder, c'est simple : créez votre compte sur cookidoo.fr, enregistrez-le sur votre Thermomix® et obtenez un accès illimité à des milliers de recettes directement sur l'écran de votre robot.
En plus, avec Cookidoo®, vous pouvez **identifier vos recettes préférées, planifier vos menus, découvrir de nouvelles recettes…** De quoi régaler à coup sûr vos amis et toute la famille !

THERMOMIX® ET COOKIDOO®, UNE RÉVOLUTION DANS MA CUISINE !

Toujours inspiré(e) !

- Des milliers de recettes gourmandes.
- De nouvelles recettes chaque semaine pour régaler et impressionner mes proches en toutes circonstances
- Un contenu éditorial sans cesse enrichi : des articles, des vidéos, des conseils, des suggestions…

La cuisine qui me ressemble

- Des collections de recettes adaptées à mes envies, des recommandations personalisées.
- Une navigation facile (recherche par mot-clé, classement par catégories, par favoris…).

Pour un quotidien plus simple

- Des recettes spécialement conçues pour me faire gagner du temps et me permettre de réaliser une cuisine saine et variée.
- Parce que chaque recette apparaît, étape par étape, sur l'écran de mon Thermomix®, je suis sûr(e) de réussir tous mes plats en un clin d'œil !
- Une organisation facilitée grâce à la planification de ma semaine, aux listes de courses…

DÉCOUVREZ LES MODES DU THERMOMIX® TM6

Balance – palier d'1 g en 1 g jusqu'à 6 kg : pour peser précisément vos ingrédients dans le bol ou dans un récipient posé sur le couvercle du bol.

Turbo : pour hacher des ingrédients durs, type parmesan, chocolat ou jambon sec, pendant une durée très courte et une vitesse maximale.

Pétrin : pour pétrir des pâtes lourdes, comme les pâtes levées. Maximum 1 000 g et 60 °C.

Nettoyage : pour permettre le pré-nettoyage du bol après la réalisation de préparations type pâtes, caramel, ou lorsque les couteaux sont bloqués par des résidus.

Bouilloire : pour chauffer à une température précise comprise entre 37 °C et 100 °C. Idéal pour la préparation du thé ou des pâtes.

Mixage : spécialement adapté pour les soupes et les purées. Permet une texture parfaite des plats.

Cuisson lente : idéal pour les ragoûts et mijotés, ce mode permet de cuire des viandes pendant 1 à 8 heures.

Sous-vide : pour une cuisson des viandes, poissons, fruits et légumes, et un résultat tendre et juteux.

Fermentation : recommandé pour la pousse des pâtes, mais également pour des yaourts faits maison savoureux.

Réchauffage : pour chauffer des boissons et aliments sans surcuisson, par exemple la nourriture pour bébé ou les soupes.

Rice cooker : pour obtenir une cuisson optimale du riz, du boulgour, du millet...

Sauce : pour une texture idéale des sauces, de la crème anglaise ou encore de la crème pâtissière...

Cuisson des œufs : pour cuire les œufs sous toutes leurs formes, de mollets à durs.

Et encore d'autres modes à retrouver directement sur l'écran du Thermomix® TM6 !

Le saviez-vous ? Votre Thermomix® TM6 évolue régulièrement et propose de nouveaux modes automatiques pour toujours plus d'inspiration et de plaisir en cuisine au quotidien.

AVEC THERMOMIX®, VOUS N'AVEZ PAS FINI D'AIMER LA CUISINE !

PARTAGEZ VOTRE EXPÉRIENCE THERMOMIX®

avec notre communauté de fans Facebook et Instagram

FACEBOOK / *ThermomixFranceOfficiel*
Idées, photos de recettes, actualités et bons plans, jeux-concours... Partagez votre passion pour Thermomix® avec nos milliers d'utilisateurs et venez discuter avec nous !

INSTAGRAM / *thermomixfr*
Retrouvez les photos de nos plus belles recettes, les tournages et événements exclusifs... En bref, le meilleur des coulisses de Thermomix® !

NE MANQUEZ AUCUNE NOUVEAUTÉ THERMOMIX®

en vous inscrivant à notre newsletter

Offres promo, actualités de l'e-shop, nouvelles recettes de Cookidoo®, recettes exclusives... Retrouvez chaque mois toute l'actualité de votre marque préférée !
En plus, découvrez régulièrement des vidéos et tutos pratiques pour votre cuisine quotidienne !

AVEC MON CONSEILLER THERMOMIX®, JE PROGRESSE PAS À PAS

Ateliers culinaires, conseils personnalisés et suivi après l'achat, Thermomix®, c'est bien plus qu'un robot ! Il transforme votre expérience de la cuisine grâce à un monde de services et d'attentions. Tout au long de votre histoire avec Thermomix®, apprenez à développer tout le potentiel de votre robot grâce au soutien de votre conseiller.ère.

JE DÉCOUVRE TOUS LES SECRETS DE MON THERMOMIX®

1er mois

MON ATELIER CULINAIRE « MES PREMIERS PAS »

Peu après la livraison de votre Thermomix®, votre conseiller.ère se rend à votre domicile ou organise un atelier en virtuel, pour vous **apprendre à utiliser les différentes fonctions de votre appareil** et répondre à toutes vos questions.

Après ce temps individuel, faites vivre à vos proches l'expérience de la cuisine au Thermomix®, en organisant l'atelier qui vous ressemble.

AVEC MON THERMOMIX®, JE DÉVELOPPE MON POTENTIEL CULINAIRE

À tout moment

MES ATELIERS DE PERFECTIONNEMENT À DOMICILE (printemps/été/automne/hiver)

L'atelier culinaire est un moment privilégié qui vous permet d'**échanger en petit comité autour des nombreuses fonctionnalités du Thermomix®**. Invitez vos proches chez vous ou organisez un atelier en virtuel et préparez les recettes Thermomix® de votre choix, guidé par votre conseiller.ère. Cerise sur le gâteau, pour chaque atelier que vous organisez avec trois de vos proches, nous vous offrons un cadeau !

Le matériel
pour la pâtisserie

Le Thermomix® permet de remplacer une trentaine d'ustensiles de cuisine et réunit à lui seul une douzaine de fonctions différentes. Pour réaliser les pâtisseries, vous aurez néanmoins besoin de petit matériel spécifique. Voici les accessoires que j'utilise régulièrement.

- **Cercles à tarte et à tartelettes** microperforés pour une meilleure répartition de la chaleur et une cuisson uniforme.
- **Cercles à entremets ronds** (ø 16, 18 et 20 cm) pour la réalisation du fraisier, du cheesecake ou d'autres desserts… Ils peuvent également être utilisés comme moules à insert pour certains entremets.
- **Moules à charnière ronds** (ø 16, 18 et 20 cm) avec un fond amovible pour la cuisson des gâteaux.
- **Moules à cake** droits de 20 et 25 cm de long.
- **Moules en silicone** de différentes formes.
- **Emporte-pièces** ronds ou d'une autre forme pour réaliser des biscuits bien réguliers.
- **Poches à douille** jetables.
- **Douilles unies et cannelées** de différentes tailles.
- **Plaque à pâtisserie** perforée en aluminium pour cuire cookies, biscuits, meringues…
- **Tapis de cuisson microperforé en silicone** (type Airmat de Silikomart®) pour une cuisson homogène et une bonne répartition de la chaleur. Il permet d'obtenir des fonds de tarte bien croustillants et une pâte qui ne gonfle pas à la cuisson. Avec ce tapis, plus besoin d'utiliser des billes de cuisson pour faire cuire à blanc les fonds de tarte. Il est également idéal pour cuire des choux, des biscuits, des pains…
- **Feuilles de papier cuisson** prédécoupées ou en rouleau.
- **Rouleau à pâtisserie.**
- **Balance de cuisine.**
- **Balance de précision** (à 0,01 g près) pour peser des ingrédients utilisés en très petite quantité, comme la gélatine ou la pectine.
- **Thermomètre de cuisine** (+ éventuellement un thermomètre à visée laser très pratique et très rapide pour mesurer la température en surface et à distance).
- **Petite spatule coudée** pour lisser et étaler facilement les préparations.
- **Fouet à main** pour détendre des préparations, comme la crème pâtissière.
- **Pinceau à pâtisserie** en poils naturels (je le trouve plus pratique qu'un pinceau en silicone).
- **Rhodoïd® en feuilles** ou en rouleaux de différentes tailles. Il sert à chemiser les moules et les cercles à entremets, et permet un démoulage facile et impeccable, ce qui est très utile pour monter un fraisier ou un cheesecake, par exemple. Le Rhodoïd® ne s'utilise que pour des préparations froides. Choisissez-le de bonne qualité, bien épais et rigide.
- **Règle graduée** de 40 cm.
- **Râpe Microplane®** pour râper très rapidement et sans effort du chocolat, des zestes d'agrumes… Elle permet également de limer les fonds de tartes après la cuisson pour qu'ils aient des bords bien nets.
- **Couteau d'office et un grand couteau bien tranchant** pour obtenir des découpes bien nettes.
- **Petit tamis** pour tamiser le cacao ou filtrer certaines préparations.

Mon conseil

Pour la cuisson des pâtisseries, je règle mon four toujours en mode chaleur tournante afin que la chaleur se répartisse de façon uniforme et que la cuisson sit bien homogène.

Microplane
ETEKCITY

VORWERK
00:00
0

Dans mon placard

Comme je prépare des gâteaux très régulièrement, j'ai toujours dans mon placard des ingrédients de base que je complète en fonction de la recette choisie.

- **Farines T45 et T55.** Elles conviennent bien pour la pâtisserie. Je privilégie la farine T55 pour les fonds de tarte en pâte sucrée, car elle limite le risque d'avoir une pâte qui se rtracte à la cuisson.
- **Fécule de maïs (ou Maïzena®).** Utile pour épaissir certaines préparations, elle permet aussi d'alléger des gâteaux si on la substitue à une partie de la farine.
- **Levure chimique.**
- **Levure sèche instantanée de boulanger.** En sachets, elle m'est bien utile lorsque je n'ai pas de cubes de levure fraîche pour la confection des brioches ou du pain.
- **Sucre en poudre.** Je m'en sers pour la plupart de mes pâtisseries. Je l'utilise aussi pour préparer du sucre glace dans mon Thermomix®.
- **Cassonade.** Surtout pour caraméliser les desserts.
- **Sucre complet muscovado.** J'aime utiliser ce sucre de canne non raffiné et riche en saveurs pour préparer des cookies.
- **Miel liquide** (acacia ou toutes fleurs).
- **Cacao en poudre** non sucré.
- **Tablettes de chocolat pâtissier** noir, au lait et blanc.
- **Chocolat de couverture en pistoles, fèves ou pastilles.** Grâce à sa forte teneur en beurre de cacao (plus de 31 %), il fond facilement et permet d'obtenir la brillance et le croquant qu'un chocolat pâtissier classique ne peut pas apporter. Il contient moins de sucre et s'utilise surtout pour la confiserie ou l'enrobage, mais convient pour toutes les préparations au chocolat.
- **Pépites de chocolat.**
- **Gousses de vanille.** Je les achète généralement en lots pour un meilleur rapport qualité-prix. Je les utilise pour les flans, les ganaches montées ou la mousse à la vanille.
- **Extrait de vanille liquide.** Il sert généralement à parfumer la pâte des gâteaux.
- **Arôme de fleur d'oranger** pour parfumer les brioches ou les salades de fruits (j'aime beaucoup la marque Samia®, en vente dans les épiceries orientales ou en grande surface).
- **Fruits à coque entiers** (amandes, pistaches, noisettes, noix de pécan) que j'achète généralement en magasins spécialisés ou sur Internet, car ils sont conditionnés par paquets de 500 g ou 1 kg.
- **Amandes en poudre.** Je les achète par kilo pour un meilleur rapport qualité-prix. On en trouve facilement dans les épiceries orientales ou sur Internet.
- **Pâte à tartiner.**
- **Huile neutre (colza ou tournesol).** Je l'utilise principalement pour le glaçage rocher (voir p. 38).
- **Fleur de sel.** Je l'ajoute dans du caramel au beurre salé en fin de cuisson, sur des cookies ou dans un fondant au chocolat. Elle est formidable pour rehausser le goût des desserts.
- **Gélatine de poisson en poudre 200 blooms** (le degré bloom indique le pouvoir gélifiant) pour gélifier ou épaissir les préparations. Elle équivaut à de la gélatine en feuilles qualité or.
- **Pectine NH** (nappage). J'utilise généralement ce gélifiant végétal pour faire des confits de fruits dans les tartes ou en insert dans les entremets. La pectine doit être mélangée à du sucre avant d'être incorporée à une préparation chaude. Elle est en vente dans les boutiques spécialisées en pâtisserie en ligne.
- **Spray velours.** Il s'agit de colorant alimentaire en spray à base de beurre de cacao en vente sur Internet. Son effet velours est créé grâce au choc thermique entre la surface glacée d'un entremets et la matière grasse du cacao. Il n'a aucun goût. Je l'utilise généralement pendant les fêtes de Noël pour la finition de mes bûches.

EXTRAIT DE
VANILLE
200
G DETOU
silikomart
MINI VELVET
CHERRY RED
150 ml/ 5.07 oz
MADE IN ITALY
GELATINE DE POISSON
POUDRE
PECTINE NH NAPPAGE
Lotus

10 règles d'or pour des gâteaux parfaits

Ces règles simples sont selon moi les clés pour réussir une pâtisserie.

1. La patience est la clé de la réussite !

2. Utiliser dans la mesure du possible du matériel et des ingrédients de qualité.

3. Avant de commencer une recette, préparer tous les ingrédients sur le plan de travail pour ne rien oublier.

4. Lire attentivement la recette et ne pas hésiter à la relire, surtout si elle comporte plusieurs étapes.

5. Respecter au mieux les dimensions des moules indiquées.

6. Bien beurrer les moules et les chemiser de papier cuisson (le beurre fait adhérer le papier sur les parois) pour faciliter le démoulage.

7. Ajuster les temps de cuisson, car ils sont indicatifs et peuvent varier en fonction du four utilisé. Ne pas hésiter à surveiller de près la cuisson des gâteaux, surtout à la fin.

8. Éviter d'ouvrir la porte du four pendant la cuisson d'un gâteau.

9. Pour vérifier la cuisson d'un gâteau, utiliser un cure-dent plutôt que la lame d'un couteau ; il n'abîmera pas la surface.

10. Pour réussir une crème montée (chantilly), se procurer impérativement de la crème liquide à 33 ou 35 % de matière grasse. Celle-ci devra être très froide (si possible, le bol et le fouet seront placés au réfrigérateur 30 minutes avant).

Mes pâtisseries préférées

La cuisine est un univers si vaste qu'il faudrait un livre entier pour parler de mes préférences. Je vais essayer d'en faire un bref résumé.

À bien y réfléchir, je ne suis pas certaine de cuisiner uniquement par gourmandise. Si je passe autant de temps devant les fourneaux, c'est avant tout pour voir toutes les matières brutes se métamorphoser au fur et à mesure des étapes, changer de texture, de couleur pour prendre forme et goût.

C'est fascinant de voir un peu de farine, une motte de beurre, un pot de crème et quelques fruits se transformer, comme par magie, en un gâteau appétissant. Et la récompense est de voir ses proches sourire en le voyant arriver sur la table et s'en régaler. Cerise sur le gâteau, depuis que j'ai ouvert ma page Instagram, j'ai aussi le plaisir de lire les réactions des internautes, de répondre à leurs questions, de provoquer des interactions…

Si je devais préciser ce que je préfère préparer en pâtisserie, je choisirais probablement les cakes et les tartes aux fruits.

Au quotidien, pour le goûter de mes enfants, je prépare régulièrement des cakes. L'avantage de cette pâtisserie est de pouvoir se décliner à l'infini en une multitude de saveurs. Sa préparation est très rapide et facile.

Quant aux tartes aux fruits, je les confectionne essentiellement avec des fruits de saison, en respectant le calendrier des récoltes. J'avoue avoir un penchant particulier pour celles aux fruits rouges. Une fois mes gâteaux sortis du four, je les déguste en famille et j'en fais profiter aussi des personnes de mon entourage.

Préparer une pâtisserie, y apporter sa touche personnelle, puis partager ces douceurs avec ceux qu'on aime, c'est un vrai plaisir de la vie !

Les recettes de base

Pâte
sucrée

☆☆

Pour 1 tarte (ø 20 cm) ou 6 tartelettes (ø 8 cm) • Préparation : 20 min • Repos : 2 h à 1 nuit • Durée totale : 2 h 20 à 14 h 20

Ustensiles : Spatule • Rouleau à pâtisserie • Moules ou cercles à pâtisserie de différentes tailles • Plaque à pâtisserie ou tapis microperforé • Râpe Microplane®

Ingrédients

65 g de sucre en poudre

100 g de beurre mou en morceaux

20 g d'amandes en poudre

1 pincée de sel

35 g d'œuf (1 petit œuf)

180 g de farine (T55 de préférence)

Réalisation

1. Mettre le sucre dans le bol et pulvériser **15 sec/vitesse 9** pour obtenir du sucre glace. Racler la paroi du bol à l'aide de la spatule.
2. Ajouter le beurre, les amandes en poudre et le sel. Mélanger **1 min/vitesse 3**.
3. Ajouter l'œuf et mélanger **30 sec/vitesse 4**.
4. Ajouter la farine et activer le mode **Pétrin/1 min**. Former une boule et l'aplatir grossièrement entre 2 feuilles de papier cuisson. Réserver au moins 2 h (ou toute une nuit) au réfrigérateur.

Mes conseils

• La pâte se réchauffe très vite : si nécessaire, remettez-la quelques minutes au frais entre chaque étape pour qu'elle reste facilement manipulable.

• Pour avoir un fond de tarte bien doré, enfournez pour 14-15 min, puis décerclez le fond de tarte. À l'aide d'un pinceau, dorez les côtés (et éventuellement l'intérieur du fond de tarte) avec un jaune d'œuf mélangé à 5 g de crème liquide et poursuivez la cuisson 8 à 10 min.

• Si le fond de tarte est garni d'une crème d'amande, décerclez au bout de 22 min environ pour une tarte et de 15 à 17 min pour une tartelette avant d'appliquer la dorure et de poursuivre la cuisson.

• Pour avoir des bords bien lisses, limez légèrement ceux du dessus et du dessous de la tarte à l'aide d'un petit tamis ou d'une râpe Microplane®.

• Il est possible de remplacer les amandes en poudre par des pistaches, des noisettes, des noix de pécan en poudre, etc.

• Pour une pâte sucrée au cacao, voir recette des tartelettes au chocolat, caramel et brownie p. 108.

Valeurs nutritionnelles : **7 547 kj/1 804 kcal – protides 28 g – glucides 201 g – lipides 98 g.**

Fonçage classique (s'utilise surtout pour les moules ou les cercles à tarte)

1. Beurrer un cercle à tarte. Étaler la pâte sur 3 mm d'épaisseur. Placer le cercle sur la pâte et découper un disque d'environ 5 ou 6 cm de plus que le diamètre du cercle.
2. Déposer le cercle sur une plaque recouverte de papier cuisson ou sur un tapis microperforé.
3. Enrouler la pâte sur un rouleau à pâtisserie et la déposer sur le cercle. Appuyer délicatement avec le pouce afin de plaquer la pâte sur la paroi intérieure. Renouveler l'opération pour bien marquer l'angle entre le fond et la paroi.
4. Piquer le fond de tarte avec une fourchette (inutile de le faire si vous utilisez un tapis microperforé). Mettre quelques minutes au frais puis découper le surplus de pâte à l'aide d'un couteau d'office. Réserver au moins 30 min au congélateur avant d'enfourner.

Fonçage en bandes (s'utilise pour tous les cercles à tarte et à tartelettes de toutes les formes)

1. Beurrer un cercle à tarte. Étaler la pâte sur 3 mm d'épaisseur. Placer le cercle sur la pâte et appuyer dessus pour découper le fond.

2. Déposer le cercle sur une plaque recouverte de papier cuisson ou sur un tapis microperforé et placer la pâte à l'intérieur.

3. Découper 2 ou 3 bandes de pâte légèrement plus larges que la hauteur du cercle (pour des tartelettes, découper une seule bande). Les plaquer contre la paroi du cercle. À l'aide du pouce, faire redescendre légèrement la pâte le long de la paroi pour faire adhérer la bande au disque de pâte. Souder les jointures en pressant légèrement la pâte avec les doigts.

4. Piquer le fond de tarte avec une fourchette (inutile de le faire si vous utilisez un tapis microperforé). Mettre quelques minutes au frais, puis découper le surplus de pâte à l'aide d'un couteau d'office. Réserver au moins 30 min au congélateur avant d'enfourner (ou 1 h au réfrigérateur).

Praliné maison
rapide

☆

POUR 4 PERSONNES • Préparation : 25 min • Cuisson : 20 min • Durée totale : 1 h

USTENSILES : Spatule • Plaque à pâtisserie

Ingrédients

125 g de noisettes

125 g d'amandes

160 g de sucre en poudre

1 grosse pincée de fleur de sel

Réalisation

1. Préchauffer le four à 180 °C. Placer les noisettes et les amandes sur une plaque à pâtisserie, enfourner et faire torréfier 10 à 12 min. Laisser refroidir et retirer la peau des noisettes en les frottant dans un torchon.
2. Préparer un caramel à sec en mettant le sucre dans une petite casserole à fond épais. Quand le caramel prend une belle couleur ambrée, le verser sur un tapis en silicone ou une feuille de papier cuisson et laisser refroidir.
3. Casser le caramel en morceaux pas trop gros. En mettre la moitié dans le bol avec la moitié des fruits secs. Pulvériser **10 sec/vitesse 10** puis racler la paroi du bol à l'aide de la spatule.
4. Ajouter l'autre moitié du caramel et des fruits secs. Pulvériser de nouveau **10 sec/vitesse 10**. Racler la paroi du bol à l'aide de la spatule.
5. Ajouter la fleur de sel et mélanger **1 min/vitesse 7**. Racler la paroi du bol à l'aide de la spatule et prolonger le mixage par étapes de 5 secondes si nécessaire jusqu'à obtenir une pâte crémeuse.

Mon conseil

Vous pouvez utiliser le praliné comme insert dans des cupcakes, des coulants au chocolat ou des madeleines, par exemple. Il peut également servir dans la préparation d'un fond de tarte ou d'un biscuit croustillant pour un entremets ou une bûche.

Valeurs nutritionnelles par portion : **2 342 kj/563 kcal – protides 13 g – glucides 46 g – lipides 36 g.**

Meringue française

POUR 300 G DE MERINGUE • Préparation : 10 min

USTENSILES : Fouet • Plaque à pâtisserie • Poche munie d'une douille

Ingrédients

100 g de blancs d'œufs
(3 blancs environ)
à température ambiante

100 g de sucre en poudre

100 g de sucre glace

Réalisation

1. **Insérer le fouet** dans le bol très propre. Mettre les blancs d'œufs dans le bol et fouetter **4-5 min/vitesse 3,5 (TM31 : vitesse 4)** sans le gobelet doseur. Au bout d'1 min, verser le sucre en poudre petit à petit par l'orifice du couvercle sur le fouet en marche.

2. **Retirer le fouet.** Ajouter le sucre glace tamisé et mélanger délicatement à l'aide d'une maryse. Transvaser la meringue dans une poche munie d'une douille.

Bon à savoir

- *Cette meringue s'utilise pour préparer des meringues à croquer, des pavlovas, des vacherins ou encore une dacquoise. On peut aussi l'employer pour le meringage d'une tarte.*
- *Pour des petites meringues à croquer, prévoyez entre 1 h et 1 h 30 de cuisson à 90 °C ; pour des grosses meringues, le temps de cuisson varie entre 2 et 3 h. La quantité de cette recette correspond à une plaque de petites meringues.*

Mes conseils

- *Pour réussir une meringue, les blancs d'œufs doivent être à température ambiante. Respectez bien le poids, qui doit être identique pour les blancs d'œufs et le sucre.*
- *Pendant la cuisson des meringues, entrouvrez plusieurs fois la porte du four pour faire évacuer la vapeur. Les meringues sont cuites quand elles se décollent seules du papier cuisson.*
- *Après la cuisson, il est possible de laisser sécher les meringues dans le four éteint et entrouvert pendant au moins 1 h.*

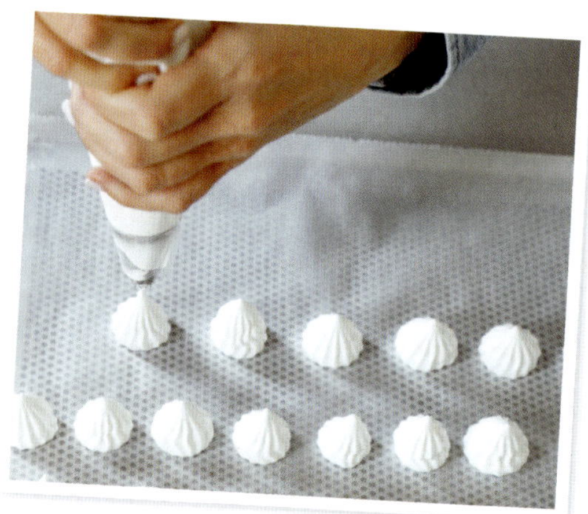

Valeurs nutritionnelles : **3 588 kj/847 kcal - protides 11 g - glucides 200 g - lipides 0 g.**

Crème pâtissière

☆

Pour 1 tarte (ø 20 cm) • Préparation : 5 min • Cuisson : 9 min • Durée totale : 15 min

Ingrédients

1 gousse de vanille

350 g de lait

2 œufs entiers + 1 jaune

60 g de sucre en poudre

35 g de fécule de maïs

Réalisation

1. Fendre la gousse de vanille et gratter les graines. Mettre la gousse et les graines dans le bol, puis ajouter le lait, les œufs et le jaune d'œuf, le sucre et la fécule. Chauffer **8 min/90°C/vitesse 4**.
2. Retirer la gousse de vanille et mélanger **6 sec/vitesse 8**. Débarrasser dans un saladier. Filmer au contact et laisser refroidir à température ambiante.

Bon à savoir

Préparer une crème pâtissière dans le Thermomix® est un jeu d'enfant !

- *Pour que le refroidissement de la crème ne dure pas trop longtemps, surtout quand une recette demande une assez grande quantité, versez la crème dans un grand plat large.*
- *Filmer au contact consiste à déposer sur la crème chaude un film alimentaire. De cette façon, on évite la formation d'une croûte.*
- *Vous pouvez aromatiser cette crème de diverses façons, en remplaçant la vanille par du cacao, du café ou du praliné.*

Valeurs nutritionnelles : **3 045 kj/723 kcal – protides 27 g – glucides 107 g – lipides 21 g.**

Gianduja maison

☆

POUR 4 PERSONNES • Préparation : 25 min • Cuisson : 15 à 17 min • Repos : 4 h • Durée totale : 4 h 40

USTENSILES : Spatule • Moule en silicone ou petit plat rectangulaire • Plaque à pâtisserie

Ingrédients

150 g de noisettes

130 g de sucre en poudre

150 g de chocolat au lait en morceaux ou en pastilles

Réalisation

1. Préchauffer le four à 180 °C. Placer les noisettes sur une plaque à pâtisserie, enfourner et faire torréfier 10 à 12 min. Laisser refroidir et retirer la peau en les frottant dans un torchon.
2. Mettre le sucre dans le bol et pulvériser **15 sec/vitesse 10** pour obtenir du sucre glace.
3. Ajouter les noisettes et pulvériser **30 sec/vitesse 8** en raclant la paroi à l'aide de la spatule au bout de 10 secondes si besoin et à la fin.
4. Mélanger **30 sec/vitesse 6,** puis racler la paroi du bol à l'aide de la spatule.
5. Mélanger de nouveau **30 sec/vitesse 6**. Racler la paroi du bol à l'aide de la spatule.
6. Mélanger **1 min/vitesse 6** en raclant les parois à mi-temps et à la fin.
7. Ajouter le chocolat et chauffer **5 min/50°C/vitesse 1,** puis racler la paroi du bol à l'aide de la spatule.
8. Mélanger **5 sec/vitesse 9**. Verser le gianduja dans des petits moules en silicone ou dans un petit plat rectangulaire filmé à l'intérieur. Réserver au moins 4 h au réfrigérateur.
9. Démouler le gianduja et le découper à la taille souhaitée.

Mes conseils

Le gianduja se conserve plusieurs semaines au frais dans une boîte hermétique. Il peut s'utiliser de diverses façons, par exemple, pour préparer une délicieuse pâte à tartiner ou confectionner un insert pour un entremets, une bûche, des madeleines... Il peut servir à préparer une ganache pour une tarte, une mousse au chocolat ou pour fourrer des chocolats. Si possible, utilisez un bon chocolat au lait de couverture.

Valeurs nutritionnelles par portion : **2 454 kj/590 kcal – protides 9 g – glucides 55 g – lipides 36 g.**

Pâte à tartiner aux spéculoos

☆

Pour 4 personnes • Préparation : 10 min • Durée totale : 10 min

Ustensile : Spatule

Ingrédients

200 g de spéculoos

120-140 g de lait concentré non sucré (quantité à ajuster selon la consistance souhaitée)

15 g de miel d'acacia

Réalisation

1. Mettre les biscuits dans le bol et mixer **8 sec/vitesse 6**. Racler la paroi du bol à l'aide de la spatule. Recommencer si besoin jusqu'à obtenir une poudre sans morceaux.
2. Ajouter le lait concentré et le miel. Mixer **10 sec/vitesse 7**. Racler la paroi du bol à l'aide de la spatule et recommencer jusqu'à obtenir une pâte lisse et homogène.
3. Transvaser la préparation dans un pot en verre et conserver jusqu'à 10 jours au réfrigérateur.

Mes conseils

Avec cette pâte à tartiner, vous pouvez préparer des inserts pour des muffins ou aromatiser la pâte d'un cake, d'un gâteau ou à cookies. Vous pouvez l'utiliser aussi dans le tiramisu aux spéculoos (voir p. 150) pour remplacer la pâte à tartiner chocolat-noisette ou dans une crème servie en verrines (voir p. 144).

Valeurs nutritionnelles : **1 256 kj/299 kcal – protides 5 g – glucides 41 g – lipides 12 g.**

Glaçage rocher

☆

Pour recouvrir 1 gâteau • Préparation : 5 min • Cuisson : 7 min • Durée totale : 15 min

Ustensiles : Spatule • Thermomètre de cuisine

Ingrédients

35 g de noisettes
ou d'amandes torréfiées

225 g de chocolat au lait
ou noir en morceaux

50 g d'huile neutre

Réalisation

1. Mettre les noisettes dans le bol et hacher **2-3 sec/vitesse 6**. Réserver.
2. Mettre le chocolat dans le bol et hacher **8 sec/vitesse 8**. Racler la paroi du bol à l'aide de la spatule.
3. Faire fondre **6 min/60°C/vitesse 2**.
4. Ajouter l'huile et mélanger **20 sec/vitesse 3**.
5. Ajouter les noisettes et mélanger **10 sec/↺/vitesse 2**. Laisser le glaçage refroidir (entre 30 et 35 °C au thermomètre de cuisine) afin qu'il ne soit pas trop liquide.
6. Placer le gâteau sur une grille posée dans un plat creux. Verser le glaçage sur le gâteau, puis récupérer l'excédent tombé dans le plat et reverser sur le gâteau jusqu'à ce qu'il soit bien recouvert. Placer le gâteau 45 min environ au réfrigérateur pour que le glaçage fige.

Mon conseil

Pour un glaçage plus rapide, vous pouvez remplacer les noisettes par du pralin prêt à l'emploi.

Valeurs nutritionnelles par portion : **7 747 kj/1 871 kcal - protides 21 g - glucides 101 g - lipides 148 g.**

Glaçage miroir au chocolat

Pour 1 entremets • Préparation : 10 min • Cuisson : 7 min • Durée totale : 20 min

Ustensiles : 2 grandes spatules • Thermomètre de cuisine

Ingrédients

3 feuilles de gélatine (1,9 g chacune)

100 g de chocolat au lait ou noir en morceaux

55 g d'eau

100 g de sucre en poudre

100 g de miel d'acacia

65 g de crème liquide entière chaude

Réalisation

1. Mettre les feuilles de gélatine à ramollir dans un bol d'eau froide.
2. Placer le chocolat dans le bol et hacher **5 sec/vitesse 8**. Réserver.
3. Mettre l'eau, le sucre et le miel dans le bol. Chauffer **4 min 30/105°C (TM31 : 100°C)/vitesse 2**.
4. Ajouter le chocolat haché et mélanger **1 min/vitesse 3**.
5. Ajouter la crème et mélanger **1 min/vitesse 3**.
6. Ajouter la gélatine essorée et mélanger **1 min/vitesse 6**. Laisser tiédir jusqu'à 30 °C au thermomètre de cuisine.
7. Placer le gâteau sur une grille, elle-même posée sur un plat et verser aussitôt le glaçage. Le laisser s'écouler.
8. À l'aide de deux grandes spatules, déposer délicatement l'entremets sur un plat de service. Laisser décongeler au réfrigérateur.

Bon à savoir

Ce glaçage s'utilise surtout pour des entremets congelés. Il est possible de le préparer en plus grande quantité et de le congeler.

Valeurs nutritionnelles : **6 075 kj/1 448 kcal – protides 8 g – glucides 227 g – lipides 55 g.**

Cakes
et gâteaux
du goûter

Cake orange-pavot

☆

POUR 6 PERSONNES • Préparation : 10 min • Cuisson : 45 à 50 min • Durée totale : 1 h

USTENSILES : Moule à cake droit (20 × 8 cm) • Pinceau de cuisine

Pâte à cake

3 œufs

150 g de sucre en poudre

Les zestes de 2 belles oranges (bio de préférence)

190 g de farine

½ sachet de levure chimique

70 g de beurre fondu

50 g de jus d'orange pressée

1 pincée de sel

90 g de crème liquide

15 g de graines de pavot

Sirop d'imbibage

Le jus d'1 orange

20 g de sucre en poudre

Écorces d'orange confites pour la décoration (facultatif)

Réalisation de la pâte à cake

1. Préchauffer le four à 160 °C. Préparer la pâte à cake. Mettre les œufs, le sucre et les zestes d'oranges dans le bol. Mélanger **1 min/vitesse 4**.

2. Ajouter la farine, la levure, le beurre fondu, le jus d'orange, le sel, la crème liquide et les graines de pavot. Mélanger **10 sec/vitesse 4**. Transvaser la pâte dans un moule à cake préalablement beurré et chemisé de papier cuisson. Enfourner pour 45 à 50 min.

Réalisation du sirop d'imbibage

3. Pendant la cuisson du cake, dans une petite casserole, porter à ébullition le jus de l'orange avec le sucre 10 min environ, jusqu'à ce que le sirop ait réduit et épaissi. Laisser refroidir.

4. Démouler le cake encore chaud et l'imbiber aussitôt du sirop refroidi à l'aide d'un pinceau. Décorer éventuellement de morceaux d'écorces d'orange confites.

Valeurs nutritionnelles par portion : **1 598 kj/381 kcal - protides 7 g - glucides 47 g - lipides 18 g.**

00:00
0

Cake marbré, glaçage rocher

☆

POUR 8 PERSONNES • Préparation : 35 min • Cuisson : 56 min • Repos : 45 min • Durée totale : 2 h 16

USTENSILES : Spatule • Moule à cake droit (25 × 8 cm)

Pâte à cake

100 g de chocolat au lait ou noir en morceaux

80 g de beurre en morceaux

150 g de crème liquide

150 g de sucre en poudre

2 c. à café d'extrait de vanille liquide

4 œufs

200 g de farine

1 sachet de levure chimique

Glaçage rocher

35 g de noisettes ou d'amandes torréfiées

225 g de chocolat au lait ou noir en morceaux

50 g d'huile neutre

Réalisation de la pâte à cake

1. Préchauffer le four à 180 °C. Mettre le chocolat dans le bol et hacher **6 sec/vitesse 8**. Racler la paroi du bol à l'aide de la spatule.
2. Ajouter 40 g de beurre et chauffer **3 min/50°C/vitesse 2**. Réserver et nettoyer le bol.
3. Mettre 40 g de beurre dans le bol et chauffer **2 min/50°C/vitesse 2**.
4. Ajouter la crème liquide, le sucre et 1 c. à café d'extrait de vanille. Mélanger **30 sec/vitesse 4**.
5. Ajouter les œufs, la farine et la levure. Mélanger **30 sec/vitesse 4**.
6. Placer les $^{2}/_{3}$ de pâte dans un bol et le reste dans un autre bol. Mettre le reste d'extrait de vanille (1 c. à café) dans la partie où il y a le plus de pâte. Ajouter le chocolat fondu dans l'autre partie. Remplir un moule à cake beurré et chemisé de papier cuisson en alternant la pâte à la vanille et la pâte au chocolat. Enfourner pour 45 min environ. Laisser le cake refroidir.

Réalisation du glaçage rocher

7. Mettre les noisettes dans le bol et hacher **2-3 sec/vitesse 6**. Réserver.
8. Placer le chocolat dans le bol et hacher **8 sec/vitesse 8**. Racler la paroi du bol à l'aide de la spatule.
9. Faire fondre **6 min/60°C/vitesse 2**.
10. Ajouter l'huile et mélanger **20 sec/vitesse 3**.
11. Ajouter les noisettes et mélanger **10 sec/↺/vitesse 2**. Laisser le glaçage refroidir (entre 30 et 35 °C) afin qu'il ne soit pas trop liquide.
12. Placer le cake sur une grille posée dans un plat creux. Verser le glaçage dessus, puis récupérer l'excédent tombé dans le plat et reverser sur le cake jusqu'à ce qu'il soit bien recouvert. Réserver au réfrigérateur 45 min environ pour que le glaçage fige.

Valeurs nutritionnelles par portion : **2 648 kj/635 kcal – protides 10 g – glucides 59 g – lipides 40 g.**

Mes conseils

• Pour verser les pâtes plus facilement dans le moule, vous pouvez les mettre dans 2 poches à douille.
• Pour torréfier les noisettes ou les amandes, déposez-les sur une plaque chemisée de papier cuisson et enfournez pour 10-12 min dans un four préchauffé à 180 °C. Placez les noisettes dans un torchon et frottez entre vos mains : la peau se détache très facilement. Celle des amandes ne se détachera pas, mais ce n'est pas très grave.

Cake pistache et fleur d'oranger

☆

POUR 6 PERSONNES • Préparation : 10 min • Cuisson : 45 à 50 min • Durée totale : 1 h

USTENSILES : Moule à cake droit (20 × 8 cm) • Pinceau de cuisine

Pâte à cake

100 g de pistaches décortiquées non salées

3 œufs

150 g de sucre en poudre

2 c. à soupe d'eau de fleur d'oranger

120 g de beurre fondu

1 yaourt nature

150 g de farine

½ sachet de levure chimique

Sirop de sucre (facultatif)

30 g de sucre en poudre

30 g d'eau

½ c. à café d'eau de fleur d'oranger

Quelques pistaches pour la décoration

Réalisation de la pâte à cake

1. Préchauffer le four à 170 °C. Mettre les pistaches dans le bol et pulvériser **6 sec/vitesse 10**. Réserver.
2. Ajouter les œufs, le sucre et l'eau de fleur d'oranger. Mélanger **15 sec/vitesse 4**.
3. Ajouter le beurre fondu et le yaourt. Mélanger **15 sec/vitesse 4**.
4. Ajouter la farine, la levure et la poudre de pistaches. Mélanger **20 sec/vitesse 4**. Transvaser la pâte dans un moule à cake beurré et chemisé de papier cuisson. Enfourner pour 45 à 50 min.

Réalisation du sirop de sucre (facultatif)

5. Pendant la cuisson du cake, porter à ébullition l'eau avec le sucre dans une petite casserole. Laisser tiédir, puis ajouter l'eau de fleur d'oranger. Laisser refroidir.
6. Démouler le cake encore chaud et l'imbiber aussitôt du sirop refroidi à l'aide d'un pinceau, puis décorer de pistaches concassées.

Valeurs nutritionnelles par portion : **2 315 kj/555 kcal – protides 11 g – glucides 52 g – lipides 33 g.**

Gâteau au chocolat, glaçage rocher

☆

POUR 6 PERSONNES • Préparation : 30 min • Cuisson : 39 à 44 min • Durée totale : 1 h 15

USTENSILES : Fouet • Spatule • Moule à charnière (Ø 18 cm) • Maryse

Gâteau

200 g de chocolat noir en morceaux

100 g de beurre en morceaux

4 œufs

1 pincée de sel

120 g de sucre en poudre

40 g de lait

100 g de farine

½ sachet de levure chimique

Glaçage rocher

170 g de chocolat au lait ou noir en morceaux

40 g d'huile neutre

30 g de noisettes ou d'amandes torréfiées (ou de pralin)

Réalisation du gâteau

1. Préchauffer le four à 180 °C. Mettre le chocolat dans le bol et hacher **6 sec/vitesse 8**. Racler la paroi du bol à l'aide de la spatule.
2. Ajouter le beurre et faire fondre **3 min/50°C/vitesse 2**. Réserver et nettoyer soigneusement le bol.
3. Séparer les blancs des jaunes d'œufs. **Insérer le fouet.** Placer les blancs d'œufs et le sel dans le bol et fouetter **4-5 min/vitesse 3,5 (TM31 : 4 min/vitesse 4)** sans le gobelet doseur jusqu'à ce que les blancs soient fermes. Réserver au frais le temps de préparer le reste. Nettoyer le bol. **Retirer le fouet.**
4. Mettre les jaunes d'œufs et le sucre dans le bol. Mélanger **30 sec/vitesse 4**.
5. Ajouter le lait et mélanger **10 sec/vitesse 4**.
6. Ajouter la farine et la levure. Mélanger **20 sec/vitesse 4**. Racler la paroi du bol à l'aide de la spatule.
7. Ajouter le mélange chocolat/beurre fondu et mélanger **30 sec/vitesse 4**. Transvaser la préparation dans un saladier et incorporer une petite partie des blancs d'œufs au fouet pour détendre la préparation. Ajouter le reste des blancs délicatement à l'aide d'une maryse. Verser la pâte dans un moule beurré et enfourner pour 30 à 35 min.
8. Laisser tiédir, démouler le gâteau et laisser refroidir.

Réalisation du glaçage rocher

9. Préparer le glaçage rocher, puis en recouvrir le gâteau et laisser figer (voir p. 38).

Valeurs nutritionnelles par portion : **3 039 kj/730 kcal – protides 11 g – glucides 60 g – lipides 48 g.**

Pain d'épice au miel de fleurs

☆

POUR 6 PERSONNES • Préparation : 10 min • Cuisson : 50 min • Durée totale : 1 h

USTENSILES : 1 moule à cake (20 × 8 cm) • Pinceau de cuisine • Balance de précision

Ingrédients

150 g d'eau

30 g de sucre roux

100 g de beurre

200 g de miel de fleurs

3 g d'épices à pain d'épice

200 g de farine

1 sachet de levure chimique

1 pincée de bicarbonate de soude

Réalisation

1. Préchauffer le four à 155 °C. Mettre l'eau, le sucre roux, le beurre, 180 g de miel et les épices dans le bol. Chauffer **6 min/80°C/vitesse 2**.
2. Ajouter la farine, la levure et le bicarbonate. Mélanger **40 sec/vitesse 4**.
3. Verser la préparation dans un moule à cake beurré et chemisé de papier cuisson. Enfourner pour 50 min.
4. Laisser refroidir le pain d'épice dans le moule, puis badigeonner le dessus de 20 g de miel restant fondu à l'aide d'un pinceau. Le démouler lorsqu'il est froid.

Mon conseil

Vous pouvez décorer le pain d'épice avec des bâtons de cannelle, de l'anis étoilé (badiane) et éventuellement des écorces d'orange ou de citron confites.

Valeurs nutritionnelles par portion : **1 701 kj/404 kcal - protides 4 g - glucides 66 g - lipides 14 g.**

Roulé
à la pâte à tartiner

☆

POUR 6 PERSONNES • Préparation : 10 min • Cuisson : 13 min • Durée totale : 25 min

USTENSILE : Fouet • Plaque à génoise (33,5 × 24 cm)

Ingrédients

5 gros œufs

140 g de sucre en poudre

1 sachet de sucre vanillé

125 g de farine

50 g d'huile

½ sachet de levure chimique

100 g de pâte à tartiner chocolat-noisette pour la garniture

Sucre glace pour la décoration

Réalisation

1. Préchauffer le four à 200 °C. **Insérer le fouet.** Mettre les œufs, le sucre en poudre et le sucre vanillé dans le bol. Mélanger **3 min/vitesse 3. Retirer le fouet.**

2. Ajouter la farine, l'huile et la levure. Mélanger **1 min/vitesse 4.** Verser la pâte uniformément sur une plaque à génoise beurrée et chemisée de papier cuisson ou sur une plaque en silicone. Enfourner pour 13 min.

3. Dès la sortie du four, démouler le biscuit en le retournant sur un torchon humide. L'enrouler encore chaud avec le torchon et laisser tiédir.

4. Dérouler délicatement le biscuit, étaler la pâte à tartiner (légèrement fondue) et le rouler aussitôt en s'aidant du torchon si besoin. Découper les bords pour qu'ils soient bien droits. Laisser refroidir complètement, puis saupoudrer de sucre glace.

Valeurs nutritionnelles par portion : **1 636 kj/390 kcal - protides 8 g - glucides 48 g - lipides 18 g.**

Napolitain

☆☆

POUR 8 PERSONNES • Préparation : 1 h 30 • Cuisson : 50 min • Repos : 2 h • Durée totale : 4 h 20

USTENSILES : Fouet • Moule à cake extensible (22 × 11 cm) • Fouet à main • Maryse • Petite spatule coudée

Biscuit

4 œufs

150 g de sucre en poudre

200 g de beurre fondu

250 g de farine

1/2 sachet de levure chimique

10 g de cacao en poudre non sucré

2 c. à soupe de lait

1 c. à soupe d'extrait de vanille liquide

1 sachet de sucre vanillé

Réalisation du biscuit

1. Préchauffer le four à 170 °C. Séparer les blancs des jaunes d'œufs. Mettre les jaunes et le sucre en poudre dans le bol. Mélanger **1 min 30/vitesse 4**.
2. Ajouter le beurre fondu et mélanger **30 sec/vitesse 3**.
3. Ajouter la farine et la levure. Mélanger **1 min/vitesse 4**. Réserver et nettoyer soigneusement le bol.
4. **Insérer le fouet.** Mettre les blancs d'œufs dans le bol et fouetter **4 min/vitesse 3,5 (TM31 : vitesse 4)** sans le gobelet doseur ou jusqu'à ce que les blancs soient fermes. **Retirer le fouet.**
5. Incorporer 1/3 des blancs à la pâte précédente à l'aide d'un fouet à main et terminer en incorporant le reste à la maryse. Dans 2 saladiers, partager la pâte en 1/3 et 2/3. Ajouter le cacao tamisé et le lait dans 1/3 de la pâte, puis mélanger.
6. Ajouter l'extrait de vanille et le sucre vanillé dans les 2/3 de la pâte. Mélanger, puis diviser cette pâte en 2 parties égales. On doit obtenir 3 pâtes : une au cacao et deux à la vanille.
7. Verser l'une des 3 pâtes uniformément dans le moule à cake préalablement beurré et tapissé de papier cuisson. Enfourner pour 14 à 15 min. Nettoyer le bol. Démouler, puis répéter l'opération avec les 2 autres pâtes. Laisser tiédir puis découper si besoin le dessus des gâteaux pour qu'ils soient bien plats.

→

Valeurs nutritionnelles par portion : **2 530 kj/606 kcal – protides 8 g – glucides 64 g – lipides 35 g.**

Ganache au chocolat

150 g de chocolat noir en morceaux

125 g de crème liquide entière

Glaçage

100 g de sucre glace

2 c. à soupe de lait tiède

Vermicelles au chocolat pour la décoration

Réalisation de la ganache au chocolat

8. Mettre le chocolat dans le bol et hacher **6 sec/vitesse 8**. Racler la paroi du bol à l'aide de la spatule.

9. Ajouter la crème liquide et cuire **4 min/60°C/vitesse 3**. Transvaser dans un récipient et laisser refroidir à température ambiante : la ganache doit avoir bien épaissi, mais être encore légèrement liquide pour pouvoir s'étaler.

10. Étaler la moitié de la ganache sur un premier rectangle de gâteau à la vanille, puis déposer le gâteau au chocolat sur la ganache et appuyer légèrement. Couvrir de la ganache restante, puis du second gâteau à la vanille en appuyant un peu pour le faire adhérer.

Réalisation du glaçage

11. Dans un petit bol, mélanger le sucre glace et le lait tiède de façon à obtenir un glaçage homogène.

12. Verser le glaçage sur le gâteau et l'étaler uniformément à l'aide d'une petite spatule coudée. Parsemer de vermicelles au chocolat. Aucune inquiétude si la ganache et le glaçage débordent, car les bords seront ensuite coupés pour être égalisés. Placer 2 h au réfrigérateur.

13. Découper les bords du napolitain pour égaliser.

Cookie cake fourré
à la pâte à tartiner

☆

Pour 4 personnes • Préparation : 10 min • Congélation : 10 min • Cuisson : 22 min • Durée totale : 40 min

Ustensile : Moule à charnière (Ø 16 cm)

Ingrédients

120 g de beurre en morceaux

50 g de sucre en poudre

50 g de sucre roux

1 œuf

1 c. à café d'extrait de vanille liquide

220 g de farine

½ sachet de levure chimique

1 pincée de sel

85 g de chocolat concassé

2 grosses c. à soupe de pâte à tartiner (selon les goûts)

Réalisation

1. Préchauffer le four à 180 °C. Mettre le beurre, les deux sucres dans le bol. Mélanger **1 min/vitesse 3,5 (TM31 : vitesse 4)**.
2. Ajouter l'œuf, l'extrait de vanille, la farine, la levure et le sel. Mélanger **1 min/⟲/vitesse 3,5 (TM31 : vitesse 4)**.
3. Ajouter 65 g de chocolat et mélanger **30 sec/⟲/vitesse 2**. Aplatir à la main la moitié de la pâte dans le moule préalablement beurré en la faisant remonter sur les bords (réserver l'autre moitié au réfrigérateur). Placer le moule 10 min au congélateur.
4. Sortir le moule et étaler la pâte à tartiner jusqu'à 2 cm des bords. Recouvrir avec l'autre moitié de la pâte. Parsemer de chocolat concassé restant (20 g) et enfourner pour 22 min.

Mon conseil

Ne vous inquiétez pas si le cookie est un peu mou en sortant du four : il durcira en refroidissant.

Valeurs nutritionnelles par portion : 2 **834 kj/678 kcal - protides 9 g - glucides 78 g - lipides 35 g.**

PALLARES
SOLSONA

Flan sans pâte

Pour 6 personnes • Préparation : 15 min • Cuisson : 1 h 07 • Repos : 4 h 30 • Durée totale : 6 h

Ustensiles : Cercle à entremets (Ø 18 cm, 6 cm de haut) ou moule à charnière • Plaque à pâtisserie

Ingrédients

500 g de lait

250 g de crème liquide entière

2 gousses de vanille fendues en deux et égrainées

4 œufs entiers + 2 jaunes

130 g de sucre en poudre

50 g de fécule de maïs

Réalisation

1. Mettre le lait, la crème liquide, les graines et les gousses de vanille dans le bol. Chauffer **10 min/90°C/vitesse 1**. Transvaser la préparation dans un saladier et laisser infuser 30 min.
2. Préchauffer le four à 190 °C. Mettre les œufs entiers et les jaunes, le sucre et la fécule de maïs dans le bol. Mélanger **15 sec/vitesse 6**.
3. Ajouter le mélange infusé à la vanille avec les gousses de vanille. Chauffer **12 min/90°C/vitesse 3**.
4. Retirer les gousses de vanille et mélanger **6 sec/vitesse 8**. Verser la crème dans un cercle beurré, chemisé de papier cuisson, et posé sur une plaque à pâtisserie. Enfourner pour 45 min.
5. Laisser refroidir, puis placer au moins 4 h au réfrigérateur. Décercler le flan lorsqu'il est froid.

Mes conseils

• Vous pouvez remplacer l'une des gousses de vanille par 1 c. à soupe d'extrait de vanille.
• Pour avoir un flan bien brillant, enduisez-le d'un nappage neutre une fois qu'il a refroidi.

Valeurs nutritionnelles par portion : **1 451 kj/347 kcal - protides 9 g - glucides 35 g - lipides 20 g.**

Brioche buchty
à la fleur d'oranger

☆

Pour 6 personnes • Préparation : 20 min • Cuisson : 31 min • Repos : 2 h à 2 h 30 • Durée totale : 3 h

Ustensile : Cercle à entremets ou moule (Ø 20 cm)

Ingrédients

65 g de lait + 1 c. à soupe

80 g de sucre en poudre

15 g de levure fraîche de boulanger, émiettée

145 g de crème fraîche épaisse entière

75 g d'œufs (1 ½ œuf) + 1 jaune d'œuf

15-20 g d'eau de fleur d'oranger

360 g de farine

⅓ de c. à café de sel

Sucre glace pour la décoration

Réalisation

1. Mettre 65 g de lait, le sucre et la levure dans le bol. Chauffer **3 min/37°C/vitesse 1**.
2. Ajouter la crème fraîche, les œufs et l'eau de fleur d'oranger. Chauffer **3 min/37°C/vitesse 1**.
3. Ajouter la farine et le sel, puis activer le mode **Pétrin/5 min**. Transvaser le contenu du bol dans un saladier fariné, former une boule et laisser lever couvert d'un torchon de 1 h 30 à 2 h.
4. Transvaser la pâte sur le plan de travail fariné et la dégazer. Si la pâte est trop collante, il est possible d'ajouter un peu de farine.
5. Prélever des petites portions de pâte et former des boules de taille identique avec les mains farinées. Les déposer dans le cercle (ou un moule) beurré et tapissé de papier cuisson, posé sur une plaque. Laisser de nouveau lever 30 min couvert d'un torchon.
6. Préchauffer le four à 160 °C environ 10 min avant la fin de la pousse. Badigeonner la brioche du jaune d'œuf mélangé à la cuillerée de lait restante. Enfourner pour 25 min environ. Laisser refroidir avant de saupoudrer de sucre glace.

Valeurs nutritionnelles par portion : **1 577 kj/374 kcal – protides 9 g – glucides 61 g – lipides 10 g.**

thermomix
VORWERK
00:00

Crumble pommes et fruits rouges

Pour 6 personnes • Préparation : 15 min • Cuisson : 35 min • Durée totale : 50 min

Ustensiles : 6 plats à gratin individuels

Ingrédients

400 g de pommes en cubes (1 cm)

350 g de fruits rouges frais ou surgelés

100 g de farine

100 g de beurre en morceaux

100 g de sucre en poudre

100 g d'amandes en poudre

Réalisation

1. Préchauffer le four à 180 °C. Répartir les pommes et les fruits rouges dans les plats à gratin beurrés.
2. Mettre la farine, le beurre, le sucre et les amandes en poudre dans le bol. Mélanger **10 sec/vitesse 6**. Émietter la pâte à crumble sur les fruits.
3. Enfourner pour 35 min.

Mes conseils

• Si le crumble colore trop avant la fin de la cuisson, recouvrez-le d'une feuille d'aluminium.

• Vous pouvez aussi préparer un crumble en version familiale, dans un plat à gratin (19 x 19 cm environ). Dans ce cas, prolongez la cuisson de 10 à 15 min.

Valeurs nutritionnelles par portion : **1742 kj/418 kcal – protides 7 g – glucides 43 g – lipides 23 g.**

Gâteau aux pommes

☆

POUR 6 PERSONNES • Préparation : 15 min • Cuisson : 50 min • Durée totale : 1 h

USTENSILES : Spatule • Moule à charnière (Ø 20 cm)

Ingrédients

3 œufs

160 g de sucre en poudre

1 c. à café d'extrait de vanille liquide

80 g de beurre fondu

1 yaourt nature

200 g de farine

1 sachet de levure chimique

2 grosses pommes

Cassonade pour saupoudrer

Réalisation

1. Préchauffer le four à 180 °C. Mettre les œufs, le sucre et l'extrait de vanille dans le bol. Mélanger **20 sec/vitesse 4**.
2. Ajouter le beurre fondu et le yaourt. Mélanger **15 sec/vitesse 4**.
3. Ajouter la farine et la levure. Mélanger **20 sec/vitesse 4**.
4. Ajouter 1 pomme coupée en dés de 1 cm de côté environ et mélanger **15 sec/↺/vitesse 3**. Finir de mélanger à la spatule si besoin.
5. Transvaser la pâte dans le moule beurré et disposer par-dessus une pomme coupée en tranches. Saupoudrer de cassonade. Enfourner pour 50 min. Laisser refroidir.

Astuce

Pour faire briller le dessus du gâteau, faites chauffer de la confiture d'abricots avec quelques gouttes d'eau dans un bol au four à micro-ondes et badigeonnez-le délicatement à l'aide d'un pinceau.

Valeurs nutritionnelles par portion : **1 725 kj/411 kcal – protides 7 g – glucides 61 g – lipides 14 g.**

Far breton
aux pruneaux

☆

POUR 6 PERSONNES • Préparation : 10 min • Cuisson : 45 à 55 min • Durée totale : 1 h

USTENSILES : Moule carré (22 cm de côté, 5 cm de haut) ou plat à gratin

Ingrédients

4 œufs

120 g de sucre en poudre

1 sachet de sucre vanillé

750 g de lait

200 g de farine

25 g de rhum

300 g de pruneaux dénoyautés

Réalisation

1. Préchauffer le four à 180 °C. Mettre les œufs, les deux sucres dans le bol. Mélanger **30 sec/vitesse 4**.
2. Ajouter le lait et chauffer **2 min/40°C/vitesse 3 (TM31 : 37°C)**.
3. Ajouter la farine et le rhum. Mélanger **40 sec/vitesse 4**.
4. Verser la préparation dans le moule beurré. Déposer les pruneaux par-dessus et enfourner pour 45 à 55 min selon la consistance souhaitée.

Valeurs nutritionnelles par portion : **1 310 kj/310 kcal - protides 13 g - glucides 78 g - lipides 6 g.**

Petits biscuits

Financiers
pistache et framboise

☆

Pour 12 financiers • Préparation : 10 min • Cuisson : 24 min • Durée totale : 35 min

Ustensiles : Moule à mini-cakes en silicone (12 empreintes) • Plaque à pâtisserie

Ingrédients

160 g de sucre en poudre

160 g de pistaches décortiquées non salées

150 g de beurre en morceaux

75 g de farine

6 blancs d'œufs

1 pincée de sel

24 framboises

Sucre glace pour la décoration

Réalisation

1. Préchauffer le four à 180 °C. Mettre le sucre en poudre et les pistaches dans le bol. Pulvériser **15 sec/vitesse 10**. Réserver et nettoyer le bol.
2. Mettre le beurre dans le bol et chauffer **4 min/60°C/vitesse 1**.
3. Ajouter le mélange sucre glace-pistache réservé, la farine, les blancs d'œufs et le sel. Mélanger **30 sec/vitesse 3**.
4. Transvaser la pâte dans les moules et déposer 2 framboises par financier. Enfourner sur une plaque à pâtisserie pour 20 min.
5. Laisser tiédir avant de démouler. Saupoudrer de sucre glace une fois les financiers froids.

Valeurs nutritionnelles pour 1 financier : **1 070 kj/257 kcal - protides 5 g - glucides 21 g - lipides 17 g.**

Cookies
aux pépites de chocolat

☆

Pour 12 cookies • Préparation : 10 min • Cuisson : 14 à 15 min • Durée totale : 25 min

Ustensiles : Spatule • Plaque à pâtisserie

Ingrédients

250 g de farine

½ sachet de levure chimique

125 g de beurre en morceaux

130 g de sucre muscovado (ou de sucre roux)

1 c. à café d'extrait de vanille liquide

1 œuf

100 g de chocolat noir en morceaux ou en pépites

50 g de chocolat noir ou au lait en morceaux

Fleur de sel

Réalisation

1. Préchauffer le four à 180 °C. Mettre la farine, la levure et le beurre dans le bol. Mélanger **20 sec/vitesse 3**. Racler la paroi du bol à l'aide de la spatule.
2. Ajouter le sucre complet et l'extrait de vanille. Mélanger **30 sec/vitesse 2**.
3. Ajouter l'œuf et mélanger **40 sec/vitesse 9**.
4. Ajouter les pépites de chocolat et mélanger **15 sec/vitesse 1**.
5. Former 12 boules de pâte de taille homogène. Les déposer sur une plaque à pâtisserie recouverte de papier cuisson en les espaçant bien et en les aplatissant de façon à obtenir des disques de 6 cm de diamètre (2 fournées seront nécessaires). Déposer par-dessus les morceaux de chocolat.
6. Enfourner pour 14 à 15 min. À la sortie du four, parsemer les cookies d'une pincée de fleur de sel.

Astuce

Pour éviter que les cookies s'étalent à la cuisson et pour qu'ils gardent bien leur forme, vous pouvez les mettre 10 min au congélateur avant de les enfourner.

Valeurs nutritionnelles pour 1 cookie : **1 105 kj/264 kcal - protides 4 g - glucides 31 g - lipides 13 g.**

Biscuits des petits écoliers

☆

Pour 20 biscuits • Préparation : 1 h 30 • Repos : 2 h • Cuisson : 19 à 22 min • Durée totale : 3 h 50

Ustensiles : Spatule • Emporte-pièce à biscuits rectangulaires • Moule à empreintes rectangulaires en silicone (ou kit cookie Gnam Gnam Silikomart®) • Spatule coudée • Plaque à pâtisserie

Biscuits

100 g de sucre en poudre

100 g de beurre mou en morceaux

1 pincée de sel

1 œuf

250 g de farine T55

Tablettes de chocolat

250 g de chocolat noir en morceaux

Réalisation des biscuits

1. Mettre le sucre dans le bol et pulvériser **10 sec/vitesse 10** pour obtenir du sucre glace. Racler la paroi du bol à l'aide de la spatule.
2. Ajouter le beurre et le sel. Mélanger **1 min/vitesse 3**.
3. Ajouter l'œuf et mélanger **30 sec/vitesse 4**.
4. Ajouter la farine et activer le mode **Pétrin/1 min**. Racler la paroi du bol à l'aide de la spatule, puis pétrir encore **Pétrin/30 sec**. Former une boule, l'aplatir légèrement entre 2 feuilles de papier cuisson et réserver au moins 2 h au réfrigérateur. Nettoyer le bol.
5. Préchauffer le four à 180 °C. Étaler la pâte sur 3 mm d'épaisseur et, à l'aide d'un emporte-pièce, découper des biscuits. Les déposer sur une plaque recouverte de papier cuisson et enfourner pour 12 à 15 min. Laisser refroidir.

Réalisation des tablettes de chocolat

6. Mettre le chocolat dans le bol et hacher **6 sec/vitesse 8**. Réserver.
7. Mettre les 2/3 du chocolat haché dans le bol et faire fondre **5 min/50°C/vitesse 2**.
8. Racler la paroi du bol à l'aide de la spatule et chauffer **2 min/50°C/vitesse 2**.
9. Ajouter le reste du chocolat et mélanger **5 min/vitesse 2** sans le gobelet doseur.
10. Racler la paroi du bol à l'aide de la spatule et mélanger **2 min/vitesse 2**. Répartir le chocolat dans les empreintes d'un moule en silicone en comblant bien les interstices et lisser à l'aide d'une spatule coudée. Mettre quelques minutes au congélateur, jusqu'à ce que le chocolat durcisse. Démouler, nettoyer le moule, puis renouveler l'opération jusqu'à obtenir 20 tablettes de chocolat.
11. Mettre un peu de chocolat fondu sur chaque biscuit et déposer les tablettes par-dessus.

Valeurs nutritionnelles pour 1 biscuit : **711 kj/170 kcal – protides 2 g – glucides 20 g – lipides 9 g**

Mes conseils

Avant cuisson, vous pouvez mettre la plaque avec les sablés au congélateur pour 10 min (ou 30 min au réfrigérateur) : cela évitera aux sablés de se déformer. Pour que le chocolat fondu reste à la bonne température le temps de mouler les tablettes en plusieurs tournées, programmez 10 à 15 min/37°C/vitesse 1.

00:00
VORWERK
FRESHLY BAKED
Mon P'tit Biscuit

FRESHLY BAKED
Mon P'tit Biscuit

Sablés viennois

☆

POUR 10 BISCUITS • Préparation : 25 min • Cuisson : 17 à 20 min • Durée totale : 45 min

USTENSILES : Spatule • Fouet • Poche munie d'une douille cannelée (Ø 13 mm) • Plaque à pâtisserie

Ingrédients

80 g de sucre en poudre

180 g de beurre pommade

30 g de blanc d'œuf
(environ 1 blanc)

2 pincées de fleur de sel

½ gousse de vanille

200 g de farine

30 g d'amandes en poudre

200 g de chocolat noir
ou au lait en morceaux

Réalisation

1. Préchauffer le four à 180 °C. Mettre le sucre dans le bol et pulvériser **10 sec/vitesse 10** pour obtenir du sucre glace. Racler la paroi du bol à l'aide de la spatule.
2. **Insérer le fouet.** Ajouter le beurre dans le bol et mélanger **3 min/vitesse 2. Retirer le fouet.**
3. Ajouter le blanc d'œuf, la fleur de sel, les graines de vanille, la farine et les amandes en poudre. Mélanger **1 min/vitesse 4**.
4. Transvaser la pâte dans la poche à douille et dresser des sablés en forme de W sur une plaque à pâtisserie recouverte de papier cuisson. Enfourner pour 12 à 15 min. Laisser refroidir.
5. Nettoyer le bol et y mettre le chocolat. Mixer **8 sec/vitesse 8**. Racler la paroi du bol à l'aide de la spatule.
6. Faire fondre **5 min/50°C/vitesse 2**. Tremper chaque moitié de biscuit dans le chocolat fondu. Déposer les biscuits sur du papier cuisson le temps que le chocolat fige.

Mes conseils

• Pochez des biscuits de petite taille, car ils s'étalent à la cuisson.
• Une fois les biscuits trempés dans le chocolat, vous pouvez les parsemer de noix de coco râpée, de noisettes hachées ou de pistaches concassées.

Valeurs nutritionnelles pour 1 sablé : **1 538 kj/369 kcal - protides 5 g - glucides 31 g - lipides 25 g.**

Barres de céréales au chocolat

☆

POUR 4 PERSONNES (8 BARRES) • Préparation : 25 min • Cuisson : 26 à 28 min • Durée totale : 1 h

USTENSILES : Spatule • Moule à barres de céréales en silicone (8 empreintes) ou 8 moules à mini-cakes

Ingrédients

30 g d'huile de coco

30 g de miel d'acacia

40 g de sirop d'érable

100 g de flocons d'avoine

70 g de fruits secs (abricots, dattes, figues, cranberries...)

40 g de fruits à coque (amandes, noisettes...)

20 g de graines de sésame

1 c. à café d'extrait de vanille liquide

100 g de chocolat noir ou au lait en morceaux

Réalisation

1. Préchauffer le four à 180 °C. Préparer les barres de céréales. Mettre l'huile de coco, le miel et le sirop d'érable dans le bol. Chauffer **3 min/60°C/vitesse 3**.
2. Ajouter les flocons d'avoine, les fruits secs coupés en petits morceaux, les fruits à coque concassés, les graines de sésame et l'extrait de vanille. Mélanger **1 min/↺/vitesse 1**.
3. Transvaser la préparation dans les moules en tassant bien. Enfourner pour 18 à 20 min. Nettoyer le bol. Laisser refroidir à température ambiante, puis démouler.
4. Mettre le chocolat dans le bol et hacher **5 sec/vitesse 8**. Racler la paroi du bol à l'aide de la spatule.
5. Faire fondre **5 min/50°C/vitesse 2**.
6. Déposer le moule à barres de céréales préalablement lavé et séché sur une plaque. Verser le chocolat dans chaque empreinte du moule. Secouer la plaque pour le répartir uniformément, puis déposer les barres dans les empreintes en appuyant légèrement. Laisser durcir au moins 30 min au réfrigérateur avant de démouler.

Valeurs nutritionnelles pour 1 barre : **997 kj/238 kcal - protides 5 g - glucides 25 g - lipides 12 g.**

Merveilleux

☆☆

POUR 8 MERVEILLEUX • Préparation : 40 min • Cuisson : 1 h 30 à 2 h • Durée totale : 2 h 30 à 3 h

USTENSILES : Fouet • Poche munie d'une douille unie (Ø 12 mm) • Plaque à pâtisserie • Spatule coudée • Maryse

Meringues

100 g de blancs d'œufs à température ambiante

100 g de sucre en poudre

100 g de sucre glace

Chantilly au mascarpone

220 g de crème liquide à 33 ou 35 % MG très froide

80 g de mascarpone très froid

1 c. à café d'extrait de vanille liquide

Décoration

50 g de copeaux de chocolat blanc

50 g de copeaux de chocolat noir ou au lait

Réalisation des meringues

1. Préchauffer le four à 90 °C. **Insérer le fouet** dans le bol très propre. Mettre les blancs d'œufs dans le bol et fouetter **4-5 min/vitesse 3,5 (TM31 : vitesse 4)** sans le gobelet doseur. Au bout d'1 min, verser le sucre en poudre petit à petit par l'orifice du couvercle sur le fouet en marche. **Retirer le fouet.** Ajouter le sucre glace et mélanger délicatement à l'aide d'une maryse. Transvaser la meringue dans la poche à douille. Nettoyer soigneusement le bol.

2. Déposer un point de meringue sur chaque coin de la plaque à pâtisserie, poser une feuille de papier cuisson par-dessus et presser légèrement pour qu'elle colle. Pocher 8 disques (Ø 6 cm) et 8 boules de meringue (Ø 6 cm). Enfourner pour 1 h 30 à 2 h : les meringues sont cuites lorsqu'elles se décollent seules du papier cuisson. Laisser refroidir.

Réalisation de la chantilly au mascarpone

3. Environ 30 min avant la fin de la cuisson des meringues, placer le bol au réfrigérateur.

4. Sortir le bol et **insérer le fouet.** Mettre la crème liquide, le mascarpone et l'extrait de vanille dans le bol. Fouetter **2-3 min/vitesse 3** jusqu'à obtention d'une chantilly en surveillant attentivement la prise de la crème. Retirer le fouet.

Montage

5. Déposer une couche de chantilly sur un disque de meringue. Poser une boule de meringue par-dessus et appuyer légèrement pour faire adhérer. Étaler de la crème sur toute la surface de façon à enrober l'ensemble (le dessus et les contours) et lisser à l'aide d'une petite spatule coudée. Préparer les autres merveilleux de la même façon. Enrober de copeaux de chocolat.

Valeurs nutritionnelles par portion : **1 258 kj/292 kcal - protides 3 g - glucides 33 g - lipides 17 g.**

Astuce

Pour réaliser des copeaux de chocolat, il suffit de racler le dessous d'une tablette de chocolat à l'aide d'une cuillère parisienne.

Gâteaux de fête
et pour recevoir

Tarte aux framboises

☆☆

POUR 4 PERSONNES • Préparation : 45 min • Cuisson : 31 à 33 min • Durée totale : 1 h 20

USTENSILES : Cercle à tarte perforé en forme de cœur (18 × 20 × 2 cm) ou cercle ou moule rond (Ø 18-20 cm) • Plaque à pâtisserie • Billes de cuisson ou légumes secs • Fouet à main

Pâte sucrée

65 g de sucre en poudre

100 g de beurre mou en morceaux

20 g d'amandes en poudre

1 pincée de sel

35 g d'œuf

180 g de farine (T55 de préférence)

Crème pâtissière

1 gousse de vanille fendue et grattée

350 g de lait

2 œufs entiers + 1 jaune

60 g de sucre en poudre

35 g de fécule de maïs

Fruits

250 g de framboises

Quelques pistaches pour la décoration

Réalisation de la pâte sucrée

1. Préparer la pâte sucrée en suivant la recette p. 26. Pour un moule rond, réaliser un fonçage classique (voir p. 27) ; pour un moule en forme de cœur,, réaliser un fonçage en bandes (voir p. 28). Réserver au frais.

Réalisation de la crème pâtissière

2. Fendre la gousse de vanille et gratter les graines. Mettre la gousse et les graines dans le bol, puis ajouter le lait, les œufs et le jaune d'œuf, le sucre et la fécule. Chauffer **8 min/90°C/vitesse 4**.

3. Retirer la gousse de vanille et mélanger **6 sec/vitesse 8**. Débarrasser dans un saladier, filmer au contact et laisser refroidir à température ambiante.

Cuisson et finitions

4. Préchauffer le four à 170 °C. Déposer des billes de cuisson ou des légumes secs dans le fond de tarte. Enfourner à blanc pour 23 à 25 min. Laisser refroidir.

5. Détendre la crème pâtissière au fouet à main. Garnir le fond de tarte de crème pâtissière, disposer les framboises par-dessus et parsemer de pistaches concassées. Déguster aussitôt ou placer au frais.

Valeurs nutritionnelles par portion : **2 830 kj/676 kcal – protides 15 g – glucides 79 g – lipides 32 g.**

Cheesecake aux spéculoos

☆

POUR 6 PERSONNES • Préparation : 30 min • Cuisson : 5 min • Repos : 30 min • Durée totale : 1 h

USTENSILES : Fouet • Cercle à entremets (Ø 18 cm, 6 cm de haut) ou moule à charnière • Bande de Rhodoïd® • Maryse • Petite spatule coudée

Pâte aux spéculoos

200 g de spéculoos

60 g de beurre en petits morceaux

Crème

2 feuilles de gélatine (1,9 g chacune)

250 g de crème liquide très froide à 33 ou 35 % MG

300 g de fromage frais type Philadelphia®, très froid

3 c. à soupe de sucre glace

100 g de pâte à tartiner aux spéculoos (voir p. 36)

Décoration

3 grosses c. à soupe de pâte à tartiner aux spéculoos (voir p. 36)

Spéculoos

Réalisation de la pâte aux spéculoos (la veille)

1. Mettre les biscuits dans le bol et pulvériser **5 sec/vitesse 9**. Réserver.
2. Placer le beurre dans le bol et chauffer **3 min/60°C/vitesse 1**. Mélanger le beurre fondu avec la poudre de spéculoos.
3. Transvaser la pâte aux spéculoos dans un cercle tapissé de Rhodoïd® posé sur une plaque à pâtisserie recouverte de papier cuisson ou directement sur le plat de service et bien tasser à l'aide d'une cuillère (sans appuyer trop fort au risque que le biscuit soit trop dur au moment de la dégustation). Réserver au réfrigérateur.

Réalisation de la crème (la veille)

4. Mettre les feuilles de gélatine à ramollir dans un bol d'eau froide. Placer le bol et le fouet 20 à 30 min au réfrigérateur.
5. **Insérer le fouet.** Mettre 210 g de crème liquide bien froide dans le bol et fouetter **3 min/vitesse 3**. Réserver au frais. Nettoyer le bol.
6. Chauffer le reste de crème liquide (40 g) dans une petite casserole. Incorporer la gélatine essorée et laisser refroidir.
7. **Insérer le fouet.** Mettre le fromage frais et le sucre glace dans le bol et fouetter **2 min/vitesse 4**.
8. Ajouter la pâte à tartiner aux spéculoos et le mélange gélatine/crème. Fouetter de nouveau **1 min/vitesse 4. Retirer le fouet.** À l'aide d'une maryse, incorporer délicatement la préparation à la crème fouettée. Verser sur la pâte aux spéculoos et lisser à l'aide d'une petite spatule. Réserver une nuit au frais.

Décoration (le jour même)

9. Faire fondre la pâte à tartiner et la verser sur le cheesecake. Secouer légèrement le moule pour que la pâte s'étale uniformément. Remettre au frais le temps que la pâte fige, puis démouler, retirer le Rhodoïd® et décorer avec les spéculoos.

Valeurs nutritionnelles par portion : **2 207 kj/535 kcal - protides 7 g - glucides 34 g - lipides 42 g.**

Fraisier

☆☆

POUR 6 PERSONNES • Préparation : 2 h 30 • Cuisson : 31 à 35 min • Repos : 12 h • Durée totale : 15 h

USTENSILES : Fouet • Spatule • Cercle à entremets (Ø 18 cm, 6 cm de haut ou Ø 20 cm, 4,5 cm de haut) • Fouet à main • Maryse • Poche munie d'une douille unie • Bande de Rhodoïd® (de la hauteur du cercle) • Pinceau et thermomètre de cuisine

Génoise

3 œufs

90 g de sucre en poudre

90 g de farine

Sirop d'imbibage

60 g d'eau

60 g de sucre en poudre

1 gousse de vanille fendue et grattée (conserver les graines pour la crème diplomate)

Réalisation de la génoise

1. Préchauffer le four à 180 °C. **Insérer le fouet.** Mettre les œufs et le sucre dans le bol. Chauffer **6 min/37°C/vitesse 4**.

2. Mélanger **6 min/vitesse 4**.

3. Ajouter la farine et mélanger **4 sec/vitesse 3**. **Retirer le fouet** et remuer délicatement à la spatule.

4. Transvaser la moitié de la pâte dans le cercle beurré et enfourner pour 10 à 12 min. Renouveler l'opération avec la seconde moitié de pâte. Nettoyer le bol.

5. Laisser les génoises refroidir, puis couper si besoin le dessus de façon à ce qu'elles ne soient pas trop épaisses (environ 1 cm d'épaisseur). Découper les deux génoises de façon à obtenir un disque de Ø 14 cm et un autre Ø 18 cm (pour un cercle de 20 × 4,5 cm, les génoises devront mesurer Ø 16 cm et Ø 20 cm).

Réalisation du sirop d'imbibage

6. Mettre l'eau, le sucre et la gousse de vanille (sans les graines) dans le bol. Chauffer **3 min/70°C/vitesse 4**. Transvaser dans un récipient et laisser refroidir. Rincer le bol.

Réalisation de la crème diplomate

7. Mettre les feuilles de gélatine à ramollir dans un bol d'eau froide.

8. Placer le lait, la fécule, les jaunes d'œufs, le sucre et les graines de vanille dans le bol. Chauffer **8 min/90°C/vitesse 4** pour obtenir une crème pâtissière.

9. Ajouter le beurre et la gélatine essorée. Mélanger **20 sec/vitesse 8**. Débarrasser cette crème pâtissière dans un plat (un grand plat large permet un refroidissement plus rapide), filmer au contact et laisser refroidir aux alentours de 15 °C.

→

Valeurs nutritionnelles par portion : **2 418 kj/562 kcal – protides 11 g – glucides 70 g – lipides 27 g.**

Crème diplomate

3 ¼ feuilles de gélatine

400 g de lait

35 g de fécule de maïs

65 g de jaunes d'œufs

80 g de sucre en poudre

Les graines d'1 gousse de vanille

30 g de beurre

100 g de mascarpone

160 g de crème liquide très froide à 33 ou 35 % MG

20 g de sucre glace

Fruits

500 à 600 g de fraises

10. Nettoyer le bol et **insérer le fouet.** Mettre le mascarpone, la crème liquide et le sucre glace dans le bol. Placer au moins 20 min au frais.

11. Sortir le bol et fouetter **3 min/vitesse 3** pour obtenir une chantilly en surveillant attentivement la prise de la crème. **Retirer le fouet.**

12. Détendre la crème pâtissière réservée au fouet à main. Transvaser dans un saladier et ajouter le contenu du bol. Mélanger les deux crèmes au fouet à main quelques secondes, puis à l'aide d'une maryse. La préparation doit être bien lisse. Verser dans une poche à douille et passer au montage.

Montage

13. Placer la bande de Rhodoïd® à l'intérieur du cercle. Poser le cercle sur un plat de présentation ou sur un support rond en carton. Mettre le petit disque de génoise au centre du cercle.

14. Couper des fraises en deux dans le sens de la longueur et les disposer côté coupé contre la paroi du cercle en les serrant bien. À l'aide d'un pinceau, imbiber généreusement la génoise de sirop.

15. Pocher la crème entre chaque fraise et au centre de la génoise. À l'aide d'une petite spatule coudée, la faire remonter sur la paroi du cercle. Déposer des fraises coupées en petits morceaux par-dessus. Ajouter un peu de crème pour couvrir les fruits.

16. Poser le second disque de génoise (le retailler si besoin aux bonnes dimensions) en appuyant légèrement pour qu'il adhère à la crème, puis bien imbiber le dessus de sirop. Recouvrir de crème (en garder un peu pour la décoration en la réservant dans un récipient filmé et placé au frais), bien lisser et réserver une nuit au réfrigérateur.

17. Le lendemain, décercler, retirer la bande de Rhodoïd®. Détendre le reste de crème au fouet, la mettre dans une poche à douille et pocher des boules sur le dessus. Décorer de fraises coupées.

Tarte amandine
aux poires

☆☆

POUR 6 PERSONNES • Préparation : 45 min • Repos : 1 h • Cuisson : 35 à 40 min • Durée totale : 2 h 30

USTENSILES : Cercle à tarte perforé (Ø 20 cm, 2 cm de haut) ou moule à tarte à fond amovible • Plaque à pâtisserie

Pâte sucrée

65 g de sucre en poudre
100 g de beurre mou en morceaux
20 g d'amandes en poudre
1 pincée de sel
35 g d'œuf
180 g de farine (T55 de préférence)

Crème d'amande

60 g de beurre mou
60 g de sucre en poudre
60 g d'amandes en poudre
60 g d'œuf
5 g de fécule de maïs
1 c. à café de rhum

Fruits

450 g de poires au sirop égouttées
Amandes effilées pour la décoration

Réalisation de la pâte sucrée

1. Préparer la pâte sucrée en suivant la recette p. 26. Réaliser un fonçage classique (voir p. 27) et réserver au réfrigérateur.

Réalisation de la crème d'amande

2. Mettre le beurre, le sucre, les amandes en poudre, l'œuf, la fécule et le rhum dans le bol. Mélanger **1 min/vitesse 5**. Réserver au moins 1 h au réfrigérateur.

Cuisson et finitions

3. Préchauffer le four à 180 °C. Éponger les demi-poires au sirop sur du papier absorbant et les entailler dans le sens de la largeur sans les couper jusqu'au bout.

4. Étaler la crème d'amande sur le fond de tarte. Disposer délicatement les poires sur la crème et parsemer d'amandes effilées. Enfourner pour 35 à 40 min. Laisser refroidir.

Astuce

Pour rendre le dessus de la tarte brillant, faites chauffer de la confiture d'abricots avec quelques gouttes d'eau et badigeonnez-en délicatement la tarte à l'aide d'un pinceau.

Valeurs nutritionnelles par portion : **2 061 kj/494 kcal – protides 9 g – glucides 56 g – lipides 31 g.**

Tartelettes crumble
pistache et framboise

☆☆

Pour 6 personnes • Préparation : 1 h • Repos : 1 h • Cuisson : 35 min • Durée totale : 2 h 30
Ustensiles : 6 cercles à tartelettes perforés (Ø 8 cm, 2 cm de haut) • Plaque à pâtisserie

Pâte sucrée

65 g de sucre en poudre
100 g de beurre mou
20 g d'amandes en poudre
1 pincée de sel
35 g d'œuf
180 g de farine (T55 de préférence)

Crème de pistache

50 g de pistaches décortiquées non salées
50 g de beurre mou
50 g de sucre en poudre
1 œuf

Pâte à crumble

50 g de beurre froid
50 g de farine
50 g de sucre en poudre
50 g d'amandes en poudre

Fruits

100 g de framboises fraîches ou surgelées + 18 framboises fraîches pour la décoration

Réalisation de la pâte sucrée

1. Préparer la pâte sucrée en suivant la recette p. 26. Réaliser un fonçage en bandes (voir p. 28) et réserver au frais.

Réalisation de la crème de pistache (peut être préparée la veille)

2. Mettre les pistaches dans le bol et pulvériser **8 sec/vitesse 10**.

3. Ajouter les autres ingrédients et mélanger **1 min/vitesse 5**. Réserver au moins 1 h au réfrigérateur. Nettoyer le bol.

Réalisation de la pâte à crumble

4. Mettre tous les ingrédients du crumble dans le bol et mélanger **10 sec/vitesse 6**.

Montage

5. Préchauffer le four à 170 °C. Étaler la crème de pistache uniformément sur les fonds de tartelettes. Déposer les 100 g de framboises par-dessus (si les framboises sont grosses, les couper en deux), puis émietter la pâte à crumble.

6. Enfourner pour 35 min environ. Laisser refroidir, puis répartir les 18 framboises fraîches sur le dessus pour décorer.

Variante et conseil

• Vous pouvez remplacer la crème de pistache par de la crème d'amande et les framboises par des fraises ou des myrtilles.
• Si le crumble n'est pas assez coloré, passez les tartelettes quelques secondes sous le gril du four en fin de cuisson.

Valeurs nutritionnelles par portion : **2 377 kj/569 kcal – protides 11 g – glucides 57 g – lipides 32 g.**

Tartelettes au citron meringuées

☆☆

POUR 8 TARTELETTES • Préparation : 1 h 30 • Repos : 12 h • Cuisson : 45 à 47 min
Durée totale : 14 h 15

USTENSILES : Fouet • Poche munie d'une douille lisse ou cannelée (Ø 12 mm) • 8 cercles à tartelettes perforés (Ø 8 cm, 2 cm de hauteur) ou moules à tartelettes • Billes de cuisson ou légumes secs • Petite spatule coudée • Thermomètre à sucre

Crémeux au citron

1 feuille de gélatine (1,9 g)

100 g de sucre en poudre

3-4 citrons bio (le zeste d'1 citron et 150 g de jus de citron)

3 œufs

150 g de beurre froid en morceaux

Réalisation du crémeux au citron (la veille)

1. Mettre la feuille de gélatine à ramollir dans un bol d'eau froide.

2. Mettre le sucre et les zestes dans le bol. Mélanger **15 sec/vitesse 5**.

3. Ajouter les œufs et mélanger **30 sec/vitesse 6**.

4. Ajouter le jus de citron et mélanger **20 sec/vitesse 5**.

5. Chauffer **12 min/70°C/vitesse 3**.

6. Ajouter la gélatine essorée et mélanger **10 sec/vitesse 6**.

7. Ajouter le beurre et mélanger **20 sec/vitesse 6**. Débarrasser dans un récipient, filmer au contact et laisser refroidir avant de placer au réfrigérateur.

Réalisation et cuisson de la pâte sucrée

8. Préparer la pâte sucrée en suivant la recette p. 26. Réaliser un fonçage en bandes pour les cercles à tartelettes et un fonçage classique pour les moules (voir p. 27 et 28). Nettoyer le bol.

9. Préchauffer le four à 170 °C. Déposer des billes de cuisson ou des légumes secs dans les fonds de tartelettes. Enfourner à blanc pour 23 à 25 min. Laisser refroidir.

Réalisation de la meringue italienne

10. Mettre le sucre et l'eau dans le bol. Chauffer **10 min/120°C (TM31 : Varoma)/vitesse 3**. Réserver le sirop dans un récipient adapté au micro-ondes. Nettoyer soigneusement le bol.

11. **Insérer le fouet.** Mettre les blancs d'œufs dans le bol et fouetter **3 min/vitesse 4** sans le gobelet doseur.

→

Valeurs nutritionnelles par tartelette : **2 636 kj/631 kcal – protides 9 g – glucides 68 g – lipides 36 g.**

Pâte sucrée

90 g de sucre en poudre

150 g de beurre en morceaux

30 g d'amandes en poudre

2 pincées de sel

1 œuf

250 g de farine
(T55 de préférence)

Meringue italienne

140 g de sucre en poudre

50 g d'eau

70 g de blancs d'œufs
à température ambiante

12. Chauffer le sirop 30 secondes au micro-ondes (ou dans une petite casserole avec un thermomètre à sucre jusqu'à ce que la température atteigne 118 °C). Fouetter **7 min/vitesse 3** en versant le sirop progressivement en filet sur les blancs d'œufs.

13. Fouetter de nouveau **6 min/vitesse 3. Retirer le fouet.** Verser la meringue dans une poche munie de la douille de votre choix.

Montage

14. Mettre le crémeux au citron dans une poche munie d'une douille unie et en remplir les fonds de tartelettes à hauteur. Lisser à l'aide d'une petite spatule coudée. Avec le reste de crémeux, pocher des boules bien espacées.

15. Pocher ensuite la meringue sur le dessus. Parsemer de zestes de citron râpé.

Tartelettes
au chocolat, caramel et brownie

☆☆☆

POUR 8 TARTELETTES • Préparation : 1 h 30 • Repos : 12 h • Cuisson : 40 min • Durée totale : 14 h

USTENSILES : Spatule • Fouet • 8 cercles à tartelettes perforés (Ø 8 cm, 2 cm de haut) ou moules à tartelettes • Plaque à pâtisserie • Billes de cuisson ou légumes secs • Poche munie d'une petite douille (saint-honoré ou une autre) • Petite poche à douille • Moules à muffins ou moule à mini-cake

Pâte sucrée au cacao

100 g de sucre en poudre

150 g de beurre mou

30 g d'amandes en poudre

20 g de cacao en poudre

1 pincée de sel

1 œuf

250 g de farine
(T55 de préférence)

Ganache montée au chocolat au lait

¾ d'une feuille de gélatine

135 g de chocolat au lait en morceaux

315 g de crème liquide très froide à 33 àu 35 % MG

Réalisation de la pâte sucrée au cacao

1. Préparer la pâte sucrée au cacao en suivant la recette p. 26 en ajoutant le cacao tamisé à l'étape 2. Réaliser un fonçage en bandes pour les cercles à tartelettes et un fonçage classique pour les moules. Réserver au frais.

Réalisation de la ganache montée au chocolat au lait (la veille)

2. Mettre la feuille de gélatine à ramollir dans un bol d'eau froide. Mettre le chocolat dans le bol et hacher **6 sec/vitesse 8**. Réserver.
3. Ajouter 90 g de crème liquide et chauffer **3 min/100°C/vitesse 2**.
4. Ajouter le chocolat haché et mélanger **30 sec/vitesse 4**.
5. Ajouter la gélatine essorée et mélanger **30 sec/vitesse 6**.
6. Ajouter le reste de crème liquide froide (225 g) et mélanger **30 sec/vitesse 5**. Débarrasser dans un saladier, filmer au contact et placer une nuit au réfrigérateur.

Réalisation du caramel au beurre salé

7. Mettre le sucre dans une casserole à fond épais et cuire 4 à 5 min, jusqu'à obtention d'un caramel ambré.
8. Pendant ce temps, faire chauffer la crème liquide. La verser en 3 fois sur le caramel en remuant et en prenant garde aux éclaboussures. Si le caramel cristallise, remettre sur feu moyen quelques minutes en remuant bien.
9. Hors du feu, ajouter le beurre (et éventuellement la fleur de sel) et bien remuer. Verser dans un pot en verre et laisser tiédir.

→

Valeurs nutritionnelles par tartelette : **3 936 kj/945 kcal – protides 11 g – glucides 81 g – lipides 64 g.**

Caramel au beurre salé

160 g de sucre en poudre

200 g de crème liquide entière

50 g de beurre demi-sel (ou du beurre doux et un peu de fleur de sel)

Pâte à brownie

70 g de chocolat noir en morceaux

70 g de beurre en morceaux

50 g de sucre en poudre

1 gros œuf

35 g de farine

Décoration

Chocolat râpé

Réalisation de la pâte à brownie

10. Mettre le chocolat dans le bol et hacher **5 sec/vitesse 8**. Racler la paroi du bol à l'aide de la spatule.

11. Ajouter le beurre et chauffer **3 min/50°C/vitesse 2**.

12. Ajouter le sucre, l'œuf et la farine. Mélanger **30 sec/vitesse 5**.

Montage

13. Préchauffer le four à 160 °C. Déposer des billes de cuisson ou des légumes secs dans les fonds de tartelettes. Enfourner à blanc pour 13 min.

14. Verser la pâte à brownie jusqu'à un tiers de la hauteur des tartelettes et enfourner pour 10 min. Laisser refroidir.

15. Verser le reste de la pâte à brownie dans les moules à muffins ou dans le moule à mini-cakes et adapter la cuisson en fonction de leur taille.

16. Verser le caramel dans chaque tartelette jusqu'au bord.

17. Nettoyer soigneusement le bol et **insérer le fouet.** Mettre la ganache dans le bol et fouetter **30 sec-3 min/vitesse 3** en surveillant de près : elle est prête lorsqu'elle tient sur le fouet. **Retirer le fouet** et transvaser la ganache dans une poche munie d'une douille de votre choix.

18. Pocher la ganache sur les tartelettes. Mettre le caramel dans une petite poche à douille et en déposer un peu sur la ganache. Découper des mini-cubes de brownie et en décorer les tartelettes, puis parsemer de chocolat râpé.

Tarte aux fraises

☆☆☆

POUR 6 PERSONNES • Préparation : 1 h 30 • Repos : 13 h • Cuisson : 39 à 44 min • Durée totale : 15 h 15

USTENSILES : Spatule • Fouet • Cercle à tarte perforé (Ø 20 cm, 2 cm de hauteur) ou moule à tarte à fond amovible • Plaque à pâtisserie • Poche à douille munie d'une douille unie • Cuillère parisienne • Balance de précision

Ganache montée à la vanille

½ feuille de gélatine

70 g de chocolat blanc en morceaux

230 g de crème liquide très froide à 33 ou 35 % MG

1 gousse de vanille

Pâte sucrée

65 g de sucre en poudre

100 g de beurre mou

20 g d'amandes en poudre

1 pincée de sel

35 g d'œuf (1 petit œuf)

180 g de farine (T55 de préférence)

Réalisation de la ganache montée à la vanille (la veille)

1. Mettre la demi-feuille de gélatine à ramollir dans un bol d'eau froide. Mettre le chocolat blanc dans le bol et hacher **5 sec/vitesse 8**. Racler la paroi du bol à l'aide de la spatule.

2. Ajouter 100 g de crème liquide et les graines de la gousse de vanille. Chauffer **3 min/100°C/vitesse 3**.

3. Incorporer la gélatine essorée et mélanger **20 sec/vitesse 6**.

4. Ajouter le reste de crème liquide (130 g) et mélanger **20 sec/vitesse 5**. Débarrasser dans un saladier, filmer au contact et placer une nuit au réfrigérateur.

Réalisation de la pâte sucrée

5. Préparer la pâte sucrée en suivant la recette p. 26. Réaliser un fonçage classique (voir p. 27) et réserver au frais.

Réalisation de la crème d'amande aux fraises (la veille)

6. Mettre tous les ingrédients sauf les fraises dans le bol. Mélanger **1 min/vitesse 5**. Transvaser dans un récipient et réserver au moins 1 h au frais.

Réalisation du confit de fraises (au dernier moment)

7. Mettre les fraises dans le bol et mixer **10 sec/vitesse 9**.

8. Racler la paroi du bol à l'aide de la spatule. Chauffer **3 min/37°C/vitesse 1**.

9. Ajouter la pectine préalablement mélangée au sucre et cuire **3 min/100°C/vitesse 3**.

10. Mélanger **20 sec/vitesse 6**.

→

Valeurs nutritionnelles par portion : **2 790 kj/669 kcal – protides 10 g – glucides 61 g – lipides 42 g.**

Crème d'amande aux fraises

35 g de beurre mou

35 g de sucre en poudre

35 g d'amandes en poudre

35 g d'œuf (1 petit œuf)

Quelques fraises

Confit de fraises

200 g de fraises

3 g de pectine NH

30 g de sucre en poudre

Garniture

250 g de fraises

Montage

11. Préchauffer le four à 170 °C. Garnir le fond de tarte avec la crème d'amande et déposer quelques demi-fraises sur le dessus (les couper en rondelles si elles sont trop grosses). Enfourner pour 30 à 35 min. Laisser refroidir.
12. Réserver un peu de confit de fraises pour le décor et verser le reste sur le fond de tarte. Lisser la surface et laisser refroidir.
13. Nettoyer soigneusement le bol et **insérer le fouet.** Mettre la ganache dans le bol et fouetter **30 sec-3 min/vitesse 3** en surveillant de près : elle est prête lorsqu'elle tient sur le fouet. **Retirer le fouet.** Transvaser la ganache dans une poche à douille.
14. Pocher la ganache au centre et sur les bords de la tarte et garnir de quartiers de fraises.
15. À l'aide d'une cuillère parisienne, creuser quelques boules de ganache et les garnir de confit de fraises.

Paris-Brest

☆☆☆

POUR 6 PERSONNES • Préparation : 1 h 15 • Repos : 1 h • Cuisson : 53 à 58 min • Durée totale : 3 h

USTENSILES : Spatule • Plaque à pâtisserie • 2 poches à douille • Douille unie (Ø 12 mm) • Douille cannelée PF14 • Balance de précision

Couronne

65 g d'eau

60 g de lait

60 g de beurre

2 g de sel

2 g de sucre en poudre

80 g de farine T45

125 g d'œufs (2 ½ œufs) + 1 œuf battu

Noisettes concassées

Sucre glace pour la décoration

Réalisation de la couronne

1. Mettre l'eau, le lait, le beurre, le sel et le sucre dans le bol. Chauffer **5 min/100°C/vitesse 1**.
2. Ajouter la farine et mélanger **1 min 30/vitesse 3**. Réserver 15 min environ dans le bol sans couvercle jusqu'à ce que la pâte refroidisse et atteigne 50°C.
3. Mélanger **20 sec/vitesse 5** sans le gobelet doseur en ajoutant les œufs en trois fois par l'orifice du couvercle.
4. Racler la paroi du bol à l'aide de la spatule. Mélanger **25 sec/vitesse 4**.
5. Préchauffer le four à 180 °C. Transvaser la pâte dans une poche munie d'une douille unie et pocher un cercle (Ø 20 cm) sur une plaque à pâtisserie recouverte de papier cuisson ou sur un tapis de cuisson.
6. Former un second cercle à l'intérieur du premier et collé à celui-ci, puis un troisième à cheval sur les deux premiers. Badigeonner délicatement la couronne d'œuf battu et parsemer de noisettes concassées. Enfourner pour 40 à 45 min. Ne surtout pas ouvrir la porte du four pendant la cuisson au risque de faire retomber le chou. Nettoyer le bol.
7. Après cuisson, laisser la couronne 10 min dans le four avec la porte entrouverte. Laisser refroidir.

→

Valeurs nutritionnelles par portion : **2 566 kj/618 kcal – protides 11 g – glucides 37 g – lipides 47 g.**

Astuces

• Pour être sûr d'obtenir une couronne bien régulière, vous pouvez pocher la pâte à l'intérieur d'un cercle à entremets beurré, posé sur une plaque recouverte de papier cuisson et que vous garderez pour la cuisson.

• Pour réussir la crème mousseline, utilisez impérativement un beurre pommade.

Crème mousseline au praliné

220 g de lait

25 g de fécule de maïs

3 jaunes d'œufs

35 g de sucre en poudre

150 g de beurre (20 g de beurre froid en morceaux et 130 g en pommade)

170 g de praliné tout prêt ou maison (voir p. 30) + un peu pour l'intérieur de la couronne

Réalisation de la crème mousseline au praliné

7. Mettre le lait, la fécule, les jaunes d'œufs et le sucre dans le bol. Cuire **8 min/90°C/vitesse 4**.

8. Ajouter le beurre froid et mélanger **30 sec/vitesse 4**. Débarrasser la crème, filmer au contact et laisser refroidir pour atteindre 20 °C environ. Nettoyer et essuyer soigneusement le bol.

9. **Insérer le fouet.** Mettre de nouveau la crème refroidie dans le bol et la détendre **10 sec/vitesse 3**.

10. Ajouter le praliné et 130 g de beurre pommade. Mélanger **1 min 30/vitesse 3** sans le gobelet doseur.

11. Racler la paroi du bol à l'aide de la spatule et mélanger encore **10 sec/vitesse 3** si besoin. Verser dans une poche munie d'une douille cannelée et placer 15 min au réfrigérateur pour que la crème durcisse un peu et puisse être pochée.

Montage

12. Découper le chapeau de la couronne avec un couteau-scie et le saupoudrer de sucre glace.

13. Déposer un trait de praliné pur sur la pâte tout autour du chou, puis garnir de crème mousseline au praliné. Déposer le chapeau et décorer à votre convenance. Remettre au moins 45 min au réfrigérateur pour que la crème durcisse. Sortir 10 min avant de déguster.

Choux craquelins au gianduja

☆☆☆

POUR 6 PERSONNES • Préparation : 1 h 15 • Cuisson : 48 min • Repos : 15 h 15 • Durée totale : 17 h

USTENSILES : Spatule • Emporte-pièce rond (Ø 5 cm) • Plaque à pâtisserie • 2 poches à douille • Douille unie • Douille cannelée • Balance de précision

Ganache montée au gianduja

180 g de chocolat gianduja en morceaux

400 g de crème liquide très froide à 33 ou 35 % MG

Craquelins

40 g de farine

50 g de cassonade

40 g de beurre

8 g de cacao non sucré

Réalisation de la ganache montée gianduja (la veille)

1. Mettre le chocolat dans le bol et hacher **7 sec/vitesse 8**. Réserver.

2. Ajouter 100 g de crème liquide et chauffer **3 min/100°C/vitesse 2**.

3. Ajouter le gianduja haché et mélanger **30 sec/vitesse 4**.

4. Ajouter le reste de crème liquide (300 g) et mélanger **30 sec/vitesse 5**. Débarrasser dans un saladier, filmer au contact et réserver une nuit au réfrigérateur. Nettoyer le bol.

Réalisation des craquelins

5. Mettre tous les ingrédients dans le bol et mélanger **30 sec/vitesse 5**. Former une boule et l'étaler entre 2 feuilles de papier cuisson sur environ 3 mm d'épaisseur. Réserver 30 min au réfrigérateur. Nettoyer le bol.

6. Découper des disques de 5 cm à l'aide d'un emporte-pièce. Réserver au moins 2 h au congélateur.

Réalisation de la pâte à choux

7. Mettre l'eau, le lait, le beurre, le sel et le sucre dans le bol. Chauffer **5 min/100°C/vitesse 1**.

8. Ajouter la farine et mélanger **1 min 30/vitesse 3**. Réserver la pâte 15 min environ dans le bol sans couvercle jusqu'à ce qu'elle refroidisse et atteigne 50 °C.

→

Valeurs nutritionnelles par portion : **2 591 kj/624 kcal – protides 9 g – glucides 39 g – lipides 39 g.**

Pâte à choux

65 g d'eau

60 g de lait

60 g de beurre
en morceaux

2 g de sel

2 g de sucre en poudre

80 g de farine T45

125 g d'œufs (2 ½ œufs)

9. Mélanger **20 sec/vitesse 5** sans le gobelet doseur en ajoutant les œufs en trois fois par l'orifice du couvercle. Racler la paroi du bol à l'aide de la spatule.

10. Mélanger **25 sec/vitesse 4**. Transvaser la pâte dans une poche munie d'une douille unie. Nettoyer le bol.

Montage

11. Préchauffer le four à 180 °C. Pocher des choux de 5 cm de diamètre sur une plaque à pâtisserie recouverte de papier cuisson ou sur un tapis de cuisson. Déposer un disque de craquelin congelé sur chaque chou. Enfourner pour 40 min environ. Ne surtout pas ouvrir le four pendant la cuisson pour que les choux ne retombent pas.

12. Une fois les choux cuits, les laisser 10 min environ dans le four avec la porte entrouverte. Laisser refroidir.

13. **Insérer le fouet.** Mettre la ganache dans le bol et fouetter **30 sec-3 min/vitesse 3** en surveillant de près : elle est prête lorsqu'elle tient sur le fouet. **Retirer le fouet** et transvaser la ganache dans une poche munie d'une douille cannelée.

14. Couper le chapeau de chaque chou. Garnir les choux de ganache et remettre le chapeau. Réserver 45 min au frais avant déguster.

Astuce

Pour obtenir des choux bien réguliers, vous pouvez pocher la pâte à choux dans des empreintes demi-sphères en silicone (ø 5 cm) et les congeler une nuit. Il suffira ensuite de les démouler, de déposer un disque de craquelin congelé par-dessus et de les enfourner encore congelés pour un même temps de cuisson.

Tarte entremets
chocolat et noisette

☆☆☆

POUR 6 PERSONNES • Préparation : 2 h • Cuisson : 38 min • Repos : 16 h • Durée totale : 18 h 30

USTENSILES : Fouet • Cercle à tarte perforé rond (Ø 19 cm, 2 cm de hauteur, type Silikomart®) • Moule en silicone (Ø 18 cm, environ 580 ml) • Plaque à pâtisserie • 2 grandes spatules • Maryse

Pâte sucrée

65 g de sucre en poudre

100 g de beurre mou

20 g d'amandes en poudre

1 pincée de sel

35 g d'œuf

180 g de farine (T55 de préférence)

Crème de noisette

40 g de noisettes

40 g de beurre mou

40 g de sucre en poudre

40 g d'œuf

Réalisation de la pâte sucrée (la veille)

1. Préparer la pâte sucrée en suivant la recette p. 26. Réaliser un fonçage classique ou en bandes (voir p. 27 ou 28), puis réserver au frais.

Réalisation de la crème de noisette (peut être préparée la veille)

2. Mettre les noisettes dans le bol et mixer **8 sec/vitesse 10**.

3. Ajouter le beurre, le sucre et l'œuf. Mélanger **1 min/vitesse 5**. Placer au moins 1 h au frais. Nettoyer le bol.

Réalisation de la mousse au chocolat au lait (la veille)

4. Mettre la feuille de gélatine à ramollir dans un bol d'eau froide.

5. Placer le chocolat dans le bol et hacher **6 sec/vitesse 8**.

6. Ajouter le lait et chauffer **4 min/80°C/vitesse 3**.

7. Ajouter la gélatine essorée et mélanger **20 sec/vitesse 6**. Réserver et laisser tiédir. Nettoyer soigneusement le bol. Mettre le bol et le fouet au réfrigérateur le temps que la ganache tiédisse.

8. **Insérer le fouet.** Mettre la crème liquide dans le bol et fouetter **2-3 min/vitesse 3** en surveillant attentivement la prise de la crème. **Retirer le fouet** et incorporer délicatement la crème montée à la ganache tièdeà l'aide d'une maryse. La préparation est liquide, c'est normal. Verser la préparation dans le moule en silicone, laisser refroidir et placer une nuit au congélateur.

→

Valeurs nutritionnelles par portion : **3 893 kj/933 kcal – protides 12 g – glucides 98 g – lipides 55 g.**

Astuce

Pour obtenir un goût de noisette plus prononcé, faites torréfier les noisettes 10-12 min au four à 180 °C.

Mousse au chocolat au lait

1 feuille de gélatine

120 g de chocolat au lait en morceaux

80 g de lait

170 g de crème liquide très froide à 33 ou 35 % MG

Glaçage miroir au chocolat au lait

3 feuilles de gélatine (1,9 g chacune)

100 g de chocolat au lait

55 g d'eau

100 g de sucre en poudre

100 g de miel d'acacia

65 g de crème liquide entière chaude

Montage

70 g de praliné

Cuisson (le jour même)

9. Préchauffer le four à 170 °C. Étaler la crème de noisette sur le fond de tarte. Enfourner pour 30 min environ. Laisser refroidir.

Réalisation du glaçage miroir au chocolat au lait (le jour même)

10. Mettre les feuilles de gélatine à ramollir dans un bol d'eau froide.

11. Placer le chocolat dans le bol et hacher **5 sec/vitesse 8**. Réserver.

12. Mettre l'eau, le sucre et le miel dans le bol. Chauffer **4 min 30/105°C/vitesse 2 (TM31 : 100°C)**.

13. Ajouter le chocolat haché et mélanger **1 min/vitesse 3**.

14. Ajouter la crème et mélanger **1 min/vitesse 3**.

15. Ajouter la gélatine essorée et mélanger **1 min/vitesse 6**. Laisser tiédir.

Montage (le jour même)

16. Étaler le praliné sur la crème de noisette.

17. Quand le glaçage est aux alentours de 30 °C, sortir la mousse au chocolat du congélateur. Démouler la mousse, la déposer sur une grille, elle-même posée sur un plat, et verser aussitôt le glaçage par-dessus. Le laisser s'écouler, puis déposer délicatement la mousse sur la tarte à l'aide de 2 grandes spatules. Laisser décongeler au moins 4 h au réfrigérateur.

Tarte à la mangue
sur sablé breton

☆☆

POUR 4 PERSONNES • Préparation : 1 h • Cuisson : 24 à 29 min • Repos : 13 h • Durée totale : 14 h 30

USTENSILES : Cercle à pâtisserie (Ø 20 cm) • Plaque à pâtisserie • Poche munie d'une douille unie • Cuillère parisienne • Balance de précision

Ganache montée à la vanille

125 g de chocolat blanc

250 g de crème liquide très froide à 33 ou 35 % MG

Les graines d'1 gousse de vanille

Sablé breton

150 g de farine

100 g de sucre en poudre

½ sachet de levure chimique

1 pincée de fleur de sel

120 g de beurre mou en morceaux

45 g de jaunes d'œufs (3 jaunes environ)

Réalisation de la ganache montée vanille (la veille)

1. Mettre le chocolat dans le bol et hacher **7 sec/vitesse 8**.

2. Ajouter 60 g de crème liquide et les graines de la gousse de vanille. Chauffer **3 min/100°C/vitesse 2**.

3. Ajouter le reste de crème liquide (190 g) et mélanger **20 sec/vitesse 5**. Débarrasser dans un saladier, filmer au contact et placer une nuit au réfrigérateur.

Réalisation du sablé breton

4. Mettre la farine, le sucre, la levure, la fleur de sel et le beurre dans le bol. Pulvériser **2 sec/vitesse 10**.

5. Ajouter les jaunes d'œufs et activer le mode **Pétrin/1 min.** Former une boule et l'étaler grossièrement entre 2 feuilles de papier cuisson. Réserver au moins 1 h au frais. Nettoyer le bol.

Réalisation du confit mangue-passion

6. Mettre le coulis préalablement décongelé dans le bol et chauffer **3 min/37°C/vitesse 1**.

7. Ajouter la pectine préalablement mélangée au sucre et cuire **3 min/100°C/vitesse 3**.

8. Mélanger **20 sec/vitesse 6**. Transvaser dans un récipient et laisser tiédir jusqu'à ce que le confit ait bien épaissi. Nettoyer soigneusement le bol.

→

Valeurs nutritionnelles par portion : **3 695 kj/886 kcal - protides 9 g - glucides 81 g - lipides 59 g.**

Confit mangue-passion

150 g de coulis mangue-passion surgelé

3 g de pectine NH

15 g de sucre en poudre

Décoration

1 petite mangue en petits dés

Coulis mangue-passion surgelé

Montage

9. Préchauffer le four à 180 °C. Étaler la pâte sur une épaisseur de 5 à 8 mm. Utiliser un cercle beurré comme emporte-pièce. Retirer l'excédent de pâte autour du cercle, puis faire glisser le papier cuisson avec le cercle une plaque à pâtisserie. Enfourner pour 15 à 20 min. Laisser refroidir.

10. Étaler le confit de mangue sur le sablé breton.

11. **Insérer le fouet.** Mettre la ganache dans le bol et fouetter **30 sec-3 min/vitesse 3** en surveillant de près : elle est prête lorsqu'elle tient sur le fouet. **Retirer le fouet** et transvaser la ganache dans une poche munie d'une douille unie.

12. Pocher la ganache sur la tarte et garnir de petits dés de mangue. À l'aide d'une cuillère parisienne, creuser quelques boules de ganache et les garnir de coulis de mangue-passion préalablement décongelé.

Astuce

Pour obtenir plusieurs décors avec la ganache et éviter de la mettre dans 2 poches à douille, il est possible d'utiliser plusieurs douilles avec une même poche. Pour cela, il suffit de placer la douille de rechange sur la première, directement sur la poche.

Vous n'êtes pas
00:00
°C
0
VORWERK

Shortbread millionnaire

☆ ☆

POUR 8 PERSONNES • Préparation : 30 min • Cuisson : 1 h 19 • Repos : 6 h • Durée totale : 8 h

USTENSILES : Panier cuisson • Spatule • Cadre en Inox (20 × 20 cm) • Plaque à pâtisserie

Biscuit

50 g de sucre en poudre

180 g de farine

120 g de beurre en morceaux

1 pincée de sel

Caramel

1 boîte de lait concentré sucré (397 g)

100 g de sucre roux

100 g de beurre coupé en morceaux

15 g de miel liquide

Nappage au chocolat

200 g de chocolat au lait en morceaux

Réalisation de biscuit

1. Préchauffer le four à 170 °C. Déposer le cadre préalablement beurré sur une plaque à pâtisserie tapissée de papier cuisson.
2. Mettre le sucre dans le bol et pulvériser **10 sec/vitesse 10** pour obtenir du sucre glace.
3. Ajouter la farine, le beurre et le sel. Mélanger **30 sec/vitesse 5.** Étaler la pâte uniformément avec les doigts ou à l'aide d'une petite spatule coudée dans le fond du cadre. Enfourner pour 20 min : le biscuit doit être à peine doré. Laisser refroidir dans le cadre. Nettoyer le bol.

Réalisation du caramel

4. Mettre le lait concentré, le sucre, le beurre et le miel dans le bol. Poser le panier cuisson sur le couvercle à la place du gobelet doseur. Cuire **55 min/120°C (TM31 : Varoma)/vitesse 2.**
5. Mélanger **15 sec/vitesse 5.** Verser aussitôt et rapidement le caramel sur le biscuit dans le cadre en remuant et en tapotant la plaque pour qu'il s'étale uniformément. Laisser refroidir 2 h à température ambiante.

Réalisation du nappage au chocolat

6. Après le temps de refroidissement, mettre le chocolat dans le bol et hacher **8 sec/vitesse 8.** Racler la paroi du bol à l'aide de la spatule.
7. Faire fondre **4 min/60°C/vitesse 2.**
8. Verser uniformément le chocolat sur le caramel en secouant le cadre pour bien le répartir. Tapoter la plaque sur le plan de travail pour retirer les bulles d'air. Réserver au moins 2 h au réfrigérateur.
9. Pour retirer le cadre, passer la lame d'un couteau à l'eau chaude, puis l'essuyer et la faire glisser le long du cadre. Laisser 2 h à température ambiante, puis découper des carrés en trempant la lame d'un couteau dans un bol d'eau chaude (l'essuyer avant chaque découpe).

Valeurs nutritionnelles par portion : **2 778 kj/665 kcal – protides 8 g – glucides 78 g – lipides 35 g.**

Mon conseil

Pour réussir la découpe de ce gâteau sans casser la couche de chocolat, découpez-le d'abord en bandes en utilisant un couteau à la lame bien chaude. Couchez ensuite les bandes sur le côté et coupez-les en petits tronçons.

Entremets exotique

☆ ☆ ☆

Pour 6 personnes • Préparation : 2 h • Cuisson : 24 min • Repos : 22 h • Durée totale : 24 h

USTENSILES : Fouet • Cercle à entremets (Ø 18 cm) • Cercle à entremets (Ø 20, 4,5 cm de haut) • Plaque à pâtisserie • Bande de Rhodoïd® (de la hauteur du cercle) • Maryse • Poche à douille (seule, sans douille) • Thermomètre de cuisine • Balance de précision

Insert mangue-passion

250 g de coulis de mangue-passion surgelé

5 g de pectine NH

30 g de sucre en poudre

Dacquoise coco

35 g d'amandes en poudre

20 g de noix de coco râpée

2 blancs d'œufs à température ambiante

35 g de sucre en poudre

Réalisation de l'insert mangue-passion (peut être préparé la veille)

1. Mettre le coulis décongelé dans le bol et chauffer **3 min/37°C/vitesse 1**.

2. Ajouter la pectine préalablement mélangée au sucre et cuire **4 min 30/100°C/vitesse 3**.

3. Mélanger **20 sec/vitesse 6**. Verser la préparation dans un cercle (ø 18 cm) garni de film (utiliser un film de bonne qualité et spécial micro-ondes) et posé sur une plaque à pâtisserie recouverte de papier cuisson. Laisser refroidir et placer au moins 4 h au congélateur. Nettoyer soigneusement le bol.

Réalisation de la dacquoise coco

4. Préchauffer le four à 170 °C. Dans un saladier, mélanger les amandes en poudre et la noix de coco.

5. **Insérer le fouet.** Mettre les blancs d'œufs dans le bol et fouetter **3-4 min/vitesse 3,5 (TM31 : vitesse 4)** sans le gobelet doseur et en ajoutant le sucre par l'orifice du couvercle sur le fouet en marche au bout de 1 min. **Retirer le fouet.**

6. Ajouter délicatement le mélange amandes/coco aux blancs montés à l'aide d'une maryse. Mettre la préparation dans la poche à douille et pocher un disque (ø 18 cm) sur une plaque recouverte de papier cuisson. Enfourner pour 12 min. Laisser refroidir. Nettoyer le bol.

Réalisation de la mousse coco

7. Mettre les feuilles de gélatine à ramollir dans un bol d'eau froide.

8. Placer le lait de coco et le sucre dans le bol. Chauffer **5 min/90°C/vitesse 4**.

Valeurs nutritionnelles par portion : **1 775 kj/427 kcal - protides 5 g - glucides 35 g - lipides 30 g.**

Astuces

• Pour faciliter le démoulage de l'entremets, retournez-le sur la plaque et passez un coup de sèche-cheveux rapide sur le tour du cercle.
• Vous trouverez le spray velours sur Internet ou dans certains magasins spécialisés.

Mousse coco

4 feuilles de gélatine (1,9 g chacune)

300 g de lait de coco

90 g de sucre en poudre

300 g de crème liquide très froide à 33 ou 35 % MG

Décoration

Spray velours blanc ou noix de coco râpée

1 mangue

1 fruit de la Passion

9. Ajouter la gélatine essorée et mélanger **30 sec/vitesse 6**. Verser dans un saladier et laisser tiédir pour atteindre 30 °C. Pendant ce temps, nettoyer le bol et le placer au frais le temps que la crème tiédisse.

10. Insérer le fouet. Mettre la crème liquide dans le bol et fouetter **2-3 min/vitesse 3** jusqu'à obtention d'une chantilly en surveillant attentivement la prise de la crème. Incorporer délicatement la chantilly au lait de coco à l'aide d'une maryse. Réserver quelques minutes au congélateur pour que la mousse ne soit pas liquide au moment d'y déposer l'insert.

Montage

11. Placer un cercle (Ø 20 cm) garni de film de bonne qualité sur une plaque recouverte de papier cuisson. Placer la bande de Rhodoïd® à l'intérieur du cercle.

12. Verser la moitié de la mousse dans le cercle. Démouler l'insert congelé, puis le déposer au centre de la mousse. Verser le reste de mousse. Déposer la dacquoise par-dessus en appuyant légèrement pour que la mousse remonte un peu, puis lisser. Filmer et placer une nuit au congélateur.

13. Retourner l'entremets sur une plaque recouverte de papier cuisson, retirer le cercle et recouvrir aussitôt de spray velours blanc. Placer l'entremets sur un plat de service. Si vous utilisez de la noix de coco râpée à la place du spray velours, il faudra attendre que l'entremets soit un peu décongelé avant de la déposer sur le dessus et les côtés pour qu'elle puisse bien adhérer. Décorer avec des morceaux de mangue et de la pulpe du fruit de la Passion.

14. Laisser décongeler 6 h au réfrigérateur.

Bûche vanille et framboise

☆☆☆

POUR 6 À 8 PERSONNES • Préparation : 2 h • Cuisson : 28 min • Repos : 48 h • Durée totale : 50 h 30

USTENSILES : Moule à insert pour bûche (28 × 4 cm) en silicone ou en PVC (jetable) • Moule à bûche (25 × 9 × 7,5 cm type Meringa Silikomart®) • Plaque à pâtisserie (33,5 × 24 cm) • Fouet à main • Maryse • Petite spatule coudée • Balance de précision

Insert à la framboise

275 g de purée ou de coulis de framboises sans sucre

55 g de sucre en poudre

3,6 g de pectine NH

Biscuit madeleine

120 g de sucre en poudre

2 œufs

110 g de beurre fondu

1 c. à café d'extrait de vanille liquide

45 g de lait

120 g de farine

4 g de levure chimique

Réalisation de l'insert à la framboise (2 jours avant)

1. Mettre la purée de framboises et 40 g de sucre dans le bol. Chauffer **3 min/37°C/vitesse 2**.

2. Ajouter la pectine préalablement mélangée avec le reste de sucre (15 g) et cuire **4 min 30/100°C/vitesse 3**.

3. Mélanger **20 sec/vitesse 6**. Transvaser la préparation dans le moule à insert. Laisser refroidir et réserver au congélateur.

Réalisation du biscuit madeleine (la veille)

4. Préchauffer le four à 180 °C. Mettre le sucre et les œufs dans le bol. Mélanger **1 min/vitesse 5**.

5. Ajouter le beurre fondu, l'extrait de vanille et le lait. Mélanger **20 sec/vitesse 4**.

6. Ajouter la farine et la levure. Mélanger **30 sec/vitesse 4**. Verser la pâte uniformément sur une plaque à pâtisserie recouverte de papier cuisson et enfourner pour 11 min environ. Nettoyer le bol. Laisser refroidir, puis filmer le biscuit.

Réalisation de la mousse à la vanille (la veille)

7. Mettre les feuilles de gélatine à ramollir dans un bol d'eau froide.

8. Placer les jaunes d'œufs et le sucre dans le bol. Mélanger **30 sec/vitesse 4**.

9. Ajouter le lait, 20 g de crème liquide et la gousse de vanille coupée en deux ainsi que ses graines. Chauffer sans le gobelet doseur **13 min/85°C (TM31 : 80°C)/⟲/vitesse 2**.

→

Valeurs nutritionnelles par portion : **1 935 kj/464 kcal – protides 6 g – glucides 42 g – lipides 30 g.**

Mousse à la vanille

3 feuilles de gélatine (1,9 g chacune)

35 g de jaunes d'œufs (2 jaunes)

50 g de sucre en poudre

120 g de lait entier

380 g de crème liquide très froide à 33 ou 35 % m.g.

1 grosse gousse de vanille

Spray velours rouge (sur Internet ou en magasins spécialisés)

10. Retirer la gousse de vanille. Ajouter la gélatine essorée et mélanger **30 sec/vitesse 6**. Laisser tiédir la crème pour atteindre 30 à 35 °C. Transvaser dans un récipient. Nettoyer soigneusement le bol et le mettre au réfrigérateur le temps que la crème tiédisse.

11. **Insérer le fouet.** Mettre le reste de crème liquide bien froide (360 g) dans le bol et fouetter **3 min/vitesse 3** en surveillant attentivement la prise de la crème. **Retirer le fouet.**

12. À l'aide d'un fouet à main, mélanger quelques secondes la crème anglaise tiédie avec 1/3 de la crème fouettée, puis incorporer délicatement les 2/3 restants à la maryse.

Montage (la veille)

13. Verser la mousse à la vanille dans le moule à bûche jusqu'à la moitié (la mousse est un peu liquide, c'est normal). Faire remonter la mousse sur les bords à l'aide d'une petite spatule coudée. Mettre le moule 10 min environ au congélateur et réserver le reste de la mousse au réfrigérateur.

14. Découper une bande de biscuit madeleine légèrement plus petite que le moule à bûche. Réserver.

15. Démouler l'insert, puis le déposer (taillé si besoin aux bonnes dimensions et côté arrondi contre la mousse) au centre du moule. Finir de remplir le moule avec la mousse restante et déposer par-dessus la bande de biscuit madeleine en appuyant délicatement pour qu'il adhère à la mousse. Filmer au contact et placer une nuit au congélateur.

16. Le lendemain, démouler la bûche et la recouvrir aussitôt avec de spray velours rouge. Décorer selon ses envies et laisser décongeler pendant 6 à 7 heures au réfrigérateur.

Crèmes, mousses & Cie

Crème dessert
aux spéculoos

☆

POUR 4 À 6 PERSONNES • Préparation : 10 min • Cuisson : 9 min
• Repos : 6 h • Durée totale : 6 h 20

USTENSILES : 4 à 6 verrines

Ingrédients

90 g de spéculoos

200 g de crème liquide entière

250 g de lait

25 g de sucre en poudre

10 g de fécule de maïs

2 œufs

120 g de pâte à tartiner aux spéculoos (voir p. 36)

Réalisation

1. Mettre 50 g de biscuits dans le bol et mixer **5 sec/vitesse 9**.
2. Ajouter la crème liquide, le lait, le sucre, la fécule de maïs et les œufs dans le bol. Mélanger **10 sec/vitesse 4,5 (TM31 : vitesse 4)**.
3. Ajouter la pâte à tartiner aux spéculoos et cuire **9 min/90°C/vitesse 3**. Verser la crème dans des verrines. Laisser refroidir, puis réserver 6 h au réfrigérateur.
4. Au moment de servir, décorer avec les spéculoos restants, émiettés à la main.

Valeurs nutritionnelles par portion : **1 293 kj/309 kcal – protides 6 g – glucides 29 g – lipides 20 g.**

Crème glacée caramel et M&M's®

☆

POUR 4 PERSONNES • Préparation : 20 min • Repos : 3 h • Durée totale : 3 h 20

USTENSILES : Fouet • Spatule • Moule en silicone à petites empreintes • Poche munie d'une douille unie ou cannelée

Ingrédients

250 g de crème liquide très froide à 33 ou 35 % m.g.

200 g de mascarpone froid

250 g de lait concentré non sucré froid

90 g de sucre glace

40 g de bonbons type M&M'S® (ou plus selon les goûts)

Caramel au beurré salé

Réalisation

1. Placer le bol et le fouet 20 à 30 min au réfrigérateur.

2. **Insérer le fouet.** Mettre la crème liquide, le mascarpone et le sucre glace dans le bol. Fouetter **3 min/vitesse 3** en ajoutant, au bout de 2 min, le lait concentré par l'orifice du couvercle sur le fouet en marche. La crème doit avoir bien épaissi. Si ce n'est pas le cas, fouetter encore. **Retirer le fouet.**

3. Transvaser la préparation dans un moule à empreintes. Placer au moins 3 h au congélateur, jusqu'à ce que la préparation soit totalement congelée. Nettoyer le bol.

3. Concasser grossièrement les bonbons au couteau.

4. Démouler les glaçons de crème et les placer dans le bol. Mélanger **30 sec/vitesse 6,** puis racler la paroi à l'aide de la spatule.

5. Mélanger **30 sec/vitesse 4** et râcler de nouveau la paroi. Vérifier la consistance et mélanger quelques secondes de plus si besoin. Transvaser la crème dans une poche munie de la douille de votre choix.

6. Pocher la crème dans des verrines, puis placer quelques minutes au congélateur. Décorer avec les bonbons et du caramel au beurre salé. Déguster aussitôt.

Valeurs nutritionnelles par portion : **2 402 kj/555 kcal – protides 9 g – glucides 39 g – lipides 42 g.**

00:00
VORWERK

Crème dessert
au gianduja

☆

POUR 4 PERSONNES • Préparation : 5 min • Cuisson : 10 min • Repos : 4 h • Durée totale : 4 h 15

USTENSILES : 4 ramequins

Ingrédients

500 g de lait

150 g de chocolat gianduja en morceaux

20 g de fécule de maïs

Décoration

Noisettes torréfiées

Chocolat noir concassé ou en copeaux

Réalisation

1. Mettre le lait, le chocolat et la fécule de maïs dans le bol. Chauffer **10 min/90°C/vitesse 3**.
2. Verser la préparation dans des ramequins, laisser refroidir et placer au moins 4 h au réfrigérateur.
3. Avant de servir, décorer de noisettes concassées et de chocolat noir.

Valeurs nutritionnelles par portion : **1 140 kj/273 kcal - protides 7 g - glucides 27 g - lipides 15 g.**

Tiramisu
à la pâte à tartiner et aux spéculoos

☆

POUR 4 PERSONNES • Préparation : 30 min • Repos : 6 h • Durée totale : 6 h 30

USTENSILES : Fouet • Spatule • 1 ou 2 poches à douille (sans douille) • Maryse • 4 verrines

Ingrédients

12 spéculoos

75 g de pâte à tartiner chocolat-noisette

25 g de lait

3 œufs

20 g de sucre en poudre

1 sachet de sucre vanillé

250 g de mascarpone bien froid

Cacao pour la décoration

Réalisation

1. Mettre les spéculoos dans le bol et émietter **4 sec/vitesse 5**. Nettoyer le bol.
2. Dans un petit bol, mélanger la pâte à tartiner avec le lait. Réserver.
3. Séparer les blancs des jaunes d'œufs. **Insérer le fouet.** Mettre les jaunes d'œufs, les deux sucres dans le bol et fouetter **5 min/vitesse 4. Retirer le fouet.** Racler la paroi du bol à l'aide de la spatule.
4. Mélanger **2 min/vitesse 4** en ajoutant progressivement le mascarpone par l'orifice du couvercle. Réserver au réfrigérateur et nettoyer soigneusement le bol et le fouet.
5. **Insérer le fouet.** Mettre les blancs d'œufs dans le bol et fouetter **4-5 min/vitesse 3,5 (TM31 : vitesse 4)** sans le gobelet doseur, jusqu'à ce que les blancs soient fermes. **Retirer le fouet.** Incorporer délicatement les blancs montés à la crème au mascarpone à l'aide d'une maryse.
6. Déposer au fond de chaque verrine des spéculoos émiettés et de la crème au mascarpone. Pocher de la pâte à tartiner au milieu et sur les parois, puis déposer de nouveau des spéculoos et terminer par de la crème. Réserver quelques heures au réfrigérateur. Au moment de servir, saupoudrer de cacao et décorer selon ses goûts.

Mon conseil

Pour remplir les verrines, il est plus pratique de mettre la crème au mascarpone dans une poche à douille. Vous pouvez également placer la pâte à tartiner dans une petite poche à douille pour bien la pocher autour de la paroi des verrines.

Valeurs nutritionnelles par portion : **2 506 kj/544 kcal – protides 10 g – glucides 39 g – lipides 40 g.**

Pannacotta
façon cappuccino

☆

POUR 4 PERSONNES • Préparation : 20 min • Cuisson : 10 min • Repos : 4 h • Durée totale : 4 h 30

USTENSILES : Poche munie d'une une douille cannelée • 4 verrines

Pannacotta

2,5 feuilles de gélatine (1,9 g chacune)

250 g de crème liquide entière

250 g de lait

70 g de sucre en poudre

10 à 15 g de café instantané

Chantilly au mascarpone

130 g de crème liquide très froide à 33 ou 35 % m.g.

65 g de mascarpone froid

20 g de sucre glace

Cacao en poudre

Réalisation de la pannacotta

1. Mettre les feuilles de gélatine à ramollir dans un bol d'eau froide.
2. Placer la crème liquide, le lait, le sucre et le café instantané dans le bol. Chauffer **10 min/90°C/vitesse 3**.
3. Ajouter la gélatine essorée et mélanger **20 sec/vitesse 4**. Verser la préparation dans des verrines, laisser refroidir, puis mettre au moins 4 h au réfrigérateur.

Réalisation de la chantilly au mascarpone

4. Mettre le bol quelques minutes au réfrigérateur. **Insérer le fouet.** Ajouter la crème liquide, le mascarpone et le sucre glace. Fouetter **2-3 min/vitesse 3** jusqu'à obtention d'une chantilly, en surveillant attentivement la prise de la crème. **Retirer le fouet.**
5. Transvaser la préparation dans la poche à douille. Pocher la chantilly sur chaque pannacotta. Saupoudrer de cacao au moment de servir.

Valeurs nutritionnelles par portion : **1 669 kj/386 kcal – protides 4 g – glucides 28 g – lipides 30 g.**

Chocolat liégeois

☆

POUR 4 PERSONNES • Préparation : 20 min • Cuisson : 10 min • Repos : 4 h • Durée totale : 4 h 30

USTENSILES : Spatule • Poche munie d'une douille cannelée • 4 verrines

Crème au chocolat

80 g de chocolat noir en morceaux

70 g de chocolat au lait en morceaux

500 g de lait

20 g de fécule de maïs

20 g de sucre en poudre

Chantilly au mascarpone

20 g de sucre glace

130 g de crème liquide très froide à 33 ou 35 % de MG

65 g de mascarpone froid

Chocolat râpé ou concassé

Réalistion de la crème au chocolat

1. Mettre les deux chocolats dans le bol et hacher **6 sec/vitesse 8**. Racler la paroi du bol à l'aide de la spatule.
2. Ajouter le lait, la fécule et le sucre en poudre. Chauffer **10 min/90°C/vitesse 3**. Verser la préparation dans des verrines, laisser refroidir, puis placer au moins 4 h au réfrigérateur.

Réalisation de la chantilly au mascarpone

3. Mettre le bol quelques minutes au réfrigérateur. **Insérer le fouet.** Ajouter la crème liquide et le mascarpone dans le bol. Fouetter **2-3 min/vitesse 3** ou jusqu'à obtention d'une chantilly, en surveillant attentivement la prise de la crème. **Retirer le fouet** et transvaser la préparation dans la poche à douille. Pocher dans les verrines et décorer de chocolat.

Valeurs nutritionnelles par portion : **2 133 kj/498 kcal - protides 8 g - glucides 40 g - lipides 34 g.**

Index par ingrédient

Crédits des photographies

Recettes : © Larousse, Fabrice Besse.

Pages 8 à 12 : © Vorwerk International Strecker & Co.

Packshots : © Shutterstock.

Direction de la publication : Isabelle Jeuge-Maynart et Ghislaine Stora

Direction éditoriale : Émilie Franc et Julie Martin

Direction artistique : Géraldine Lamy

Édition : Ewa Lochet

Conception graphique et mise en page : Lucile Jouret

Couverture : Frédéric Manlay

Fabrication : Émilie Latour

ISBN : 978-2-03-604093-9

Photogravure : Chromostyle, Tours
Imprimé en Espagne par Graficas Estella
Dépôt légal : septembre 2022
331730/01 – 11050998 – août 2022

PAPIER À BASE DE FIBRES CERTIFIÉES

LAROUSSE s'engage pour l'environnement en réduisant l'empreinte carbone de ses livres. Celle de cet exemplaire est de : 1,6 kg éq. CO_2
Rendez-vous sur www.larousse-durable.fr